Elogios para *Amplifique*

"Em meus mais de trinta anos de experiência como investidor de risco, nunca vi ninguém rivalizar com o *know-how* operacional de Frank. Com Frank, tudo começa e termina com uma execução *hardcore* e focada. 'Fique confortável com o desconforto', 'esperança não é uma estratégia' e 'a melhor maneira de construir uma marca é conseguir mais clientes' são alguns dos mantras pelos quais Frank nos ensinou a viver. Não há dúvida de que ele tornou muitos de nós melhores membros de conselho, pois ajudamos outros CEOs ao longo de suas jornadas."

—Doug Leone,
sócio, Sequoia Capital

"Frank Slootman é um dos CEOs com melhor desempenho que existe. Este livro é leitura essencial para todo líder que aspira motivar equipes, inspirar excelência e entregar além das expectativas."

—Bill McDermott,
presidente e CEO, ServiceNow

"*Amplifique é* uma leitura fantástica para líderes e futuros líderes, sejam eles de startups, pequenas, médias ou grandes empresas. Como CEO, Frank esbanja total clareza sobre o que fazer e, igualmente importante, sobre o que não fazer... Então, se você está procurando uma leitura obrigatória sobre liderança, foco em sua missão e execução nos níveis mais altos, este é o livro!"

—Joe Tucci,
ex-presidente e CEO, EMC

"Nos últimos quinze anos, tive um assento na primeira fila para assistir à excelência operacional de Frank Slootman em exibição na Data Domain, ServiceNow e Snowflake. Isso faz de Frank o melhor CEO de tecnologia do planeta: ele define e supera expectativas excessivamente altas, é um líder de pessoas de alta integridade, deixa a estratégia clara para todos e é um líder destemido disposto a fazer o que for preciso para vencer. *Amplifique* é um livro de leitura obrigatória para quem quer levar sua equipe e sua organização para o próximo nível."

—Mike Speiser,
diretor-geral, Sutter Hill Ventures

"Frank trabalhou para mim quando a Data Domain se tornou EMC, e – uau! – que líder incrível. Ele construiu intensidade em torno de prioridades claras de negócios e da proposta de valor para o cliente e a conduziu diariamente pela organização. *Amplifique* conta essa história e como ela pode ser recriada em outras organizações."

—Pat Gelsinger,
CEO, Intel

"Frank Slootman traz sua experiência de entregar sucesso a olhos vistos para todos nós aprendermos e nos inspirarmos: simplificar a proposta de valor, focar o cliente, eliminar distrações e confusões, conduzir incansavelmente a execução com excelência e mais rápido... *Amplifique* é uma receita que todos podemos aplicar."

—Frans van Houten,
CEO da Royal Philips

AMPLI
FIQUE

FRANK SLOOTMAN
Presidente e CEO da Snowflake Inc.

AMPLI FIQUE

Liderando para o **hipercrescimento**, elevando e intensificando as expectativas com mais **agilidade**.

ALTA BOOKS
GRUPO EDITORIAL
Rio de Janeiro, 2023

Amplifique

ISBN: 978-85-508-1866-5

Impresso no Brasil — 1ª Edição, 2023 — Edição revisada conforme o Acordo Ortográfico da Língua Portuguesa de 2009.

Dados Internacionais de Catalogação na Publicação (CIP) de acordo com ISBD

S634a Slootman, Frank

Amplifique: liderando para o hipercrescimento, elevando e intensificando as expectativas com mais agilidade / Frank Slootman ; traduzido por Leandro Menegaz - Rio de Janeiro : Alta Books, 2023.
208 p. ; 16cm x 23cm.

Tradução de: Amp It Up
Inclui índice.
ISBN: 978-85-508-1866-5

1. Administração. 2. Liderança. 3. Desenvolvimento pessoal. 4. Liderança. 5. Negócios. I. M., Leandro. II. Título.

2023-825 CDD 158.1
CDU 159.947

Elaborado por Vagner Rodolfo da Silva - CRB-8/9410

Índice para catálogo sistemático:
1. Autoajuda 158.1
2. Autoajuda 159.947

Produção Editorial
Grupo Editorial Alta Books

Diretor Editorial
Anderson Vieira
anderson.vieira@altabooks.com.br

Editor
José Ruggeri
j.ruggeri@altabooks.com.br

Gerência Comercial
Claudio Lima
claudio@altabooks.com.br

Gerência Marketing
Andréa Guatiello
andrea@altabooks.com.br

Coordenação Comercial
Thiago Biaggi

Coordenação de Eventos
Viviane Paiva
comercial@altabooks.com.br

Coordenação ADM/Finc.
Solange Souza

Coordenação Logística
Waldir Rodrigues

Gestão de Pessoas
Jairo Araújo

Direitos Autorais
Raquel Porto
rights@altabooks.com.br

Assistente da Obra
Andreza Moraes
Isabella Gibara

Produtores Editoriais
Illysabelle Trajano
Maria de Lourdes Borges
Paulo Gomes
Thales Silva
Thiê Alves

Equipe Comercial
Adenir Gomes
Ana Claudia Lima
Andrea Riccelli
Daiana Costa
Everson Sete
Kaique Luiz
Luana Santos
Maira Conceição
Nathasha Sales
Pablo Frazão

Equipe Editorial
Ana Clara Tambasco
Beatriz de Assis
Beatriz Frohe
Betânia Santos
Brenda Rodrigues
Caroline David
Elton Manhães
Erick Brandão
Gabriela Paiva
Gabriela Nataly
Henrique Waldez
Karolayne Alves
Kelry Oliveira
Lorrahn Candido
Luana Maura
Marcelli Ferreira
Mariana Portugal
Marlon Souza
Matheus Mello
Milena Soares
Patricia Silvestre
Viviane Corrêa
Yasmin Sayonara

Marketing Editorial
Amanda Mucci
Ana Paula Ferreira
Beatriz Martins
Ellen Nascimento
Livia Carvalho
Guilherme Nunes
Thiago Brito

Atuaram na edição desta obra:

Tradução
Leandro Menegaz

Copi
Lívia Rodrigues

Revisão Gramatical
Fernanda Luft
Alessandro Thomé

Diagramação
Daniel Vargas

Capa
Erick Brandão

Editora **afiliada à:** abdr — Associação Brasileira de Direitos Reprográficos
ASSOCIADO CBL Câmara Brasileira do Livro

ALTA BOOKS
GRUPO EDITORIAL

Rua Viúva Cláudio, 291 — Bairro Industrial do Jacaré
CEP: 20.970-031 — Rio de Janeiro (RJ)
Tels.: (21) 3278-8069 / 3278-8419
www.altabooks.com.br — altabooks@altabooks.com.br
Ouvidoria: ouvidoria@altabooks.com.br

Ao Homem (e à Mulher) na Arena:

"Não é o crítico que importa; não aquele homem que aponta como o homem forte fraqueja, ou onde aqueles que realizaram algo poderiam tê-lo feito melhor. O crédito pertence ao homem que encontra-se na arena, cuja face está manchada de poeira, suor e sangue; aquele que esforça-se bravamente; que erra, que se depara com um revés após o outro, pois não há esforço sem erros e falhas; aquele que esforça-se para lograr suas ações, que conhece grande entusiasmo, grandes devoções, que se entrega a uma causa nobre; que, no melhor dos casos, conhece no fim o triunfo da realização grandiosa, e quem, no pior dos casos, se falhar, ao menos falha ousando grandemente, para que seu lugar jamais seja com aquelas frias e tímidas almas que não conhecem vitória ou fracasso."

–Theodore Roosevelt, 1910

Conteúdo

Parte

I

Amplificando

1

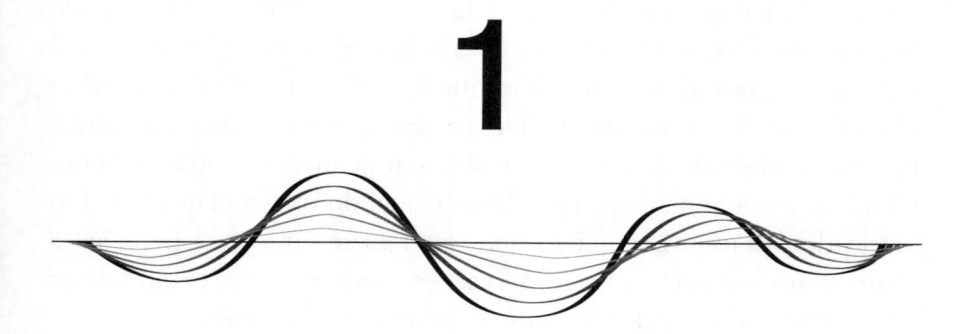

Introdução: O Poder de Amplificar

Amplificar

Alguns anos atrás, escrevi um artigo popular no LinkedIn, "Amplifique", cuja premissa principal era a de que as organizações têm um espaço considerável para melhorar seu desempenho sem fazer alterações caras em seu talento, estrutura ou modelo de negócios fundamental. Meu conselho básico era continuar jogando seu jogo, mas aumentar dramaticamente as coisas. Eleve seus padrões, acelere o ritmo, aprimore seu foco e alinhe seu pessoal. Você não precisa trazer muitos consultores para examinar tudo que está acontecendo. O que você precisa no primeiro dia é aumentar as expectativas, a energia, a urgência e a intensidade.

Esse artigo gerou milhares de curtidas, compartilhamentos e comentários. Também levou a uma enxurrada de pedidos para reuniões e palestras. Embora eu adore falar com outros líderes, especialmente empreendedores, e mesmo que eu fale em conferências e escolas de negócios de tempos em tempos, eu não poderia acomodar todos que quisessem aprender mais sobre minha filosofia Amplifique. Acredito que cabe aos líderes compartilhar nossa experiência com os outros, mas não é eficiente ou escalável fazê-lo em pequenos grupos (e muito menos individualmente), especialmente quando você tem um trabalho diário desgastante. É por isso que estou escrevendo este livro: para resumir minhas convicções, observações e crenças sobre como liderar uma empresa de alto desempenho e orientada para a missão.

Os conceitos, estratégias e táticas que você encontrará aqui foram desenvolvidos ao longo de toda minha carreira, mas especialmente nas três empresas muito diferentes em que atuei como CEO: Data Domain, de 2003 a 2010; ServiceNow, de 2011 a 2017; e Snowflake, de 2019 até o presente. Em várias ocasiões, também fui investidor de risco, membro de conselho e executivo corporativo, mas nenhuma experiência em negócios se compara à de ser CEO. Adoro ser totalmente responsável pela liderança, estratégia, cultura e execução de uma empresa em um mercado ultracompetitivo.

As coisas podem dar errado muito rapidamente em uma organização quando a equipe de liderança é fraca ou se distrai. Sendo a natureza humana o que é, muitas pessoas diminuirão sua produção a um ritmo glacial e adotarão o "bom o suficiente" como padrão. Sem liderança focada, milhões de prioridades conflitantes competem entre si. Assim, as melhores pessoas da organização ficam frustradas e começam a sair, pois o talento e a energia ficam inexplorados e adormecidos. Neste ponto, você está no caminho do declínio catastrófico — a menos que amplifique as coisas imediatamente.

Mudanças de liderança podem produzir impacto imediato muito antes de você poder realizar mudanças mais estruturais em talento, organização e estratégia. Você pode engolfar sua organização em energia, acelerar o ritmo e começar a executar os princípios da defesa e do ataque com muito mais foco e expectativas mais altas. Você se sentirá passando por cima de impasses e bloqueios. De repente, tudo está se funcionando e vibrando.

Esse fenômeno não se limita aos negócios. Muitas vezes, vemos equipes esportivas passarem de derrotas a vitórias de uma temporada para outra sem mudanças dramáticas no elenco. Quando Vince Lombardi assumiu o cargo de treinador do Green Bay Packers em 1959, a equipe havia acabado de sair de uma temporada de uma vitória e dez derrotas, sem mencionar onze temporadas seguidas com mais derrotas que vitórias. No ano seguinte, os Packers melhoraram para sete vitórias e cinco derrotas, sua primeira temporada vitoriosa em muitos anos. Então eles começaram a ganhar um campeonato de divisão após o outro. A liderança realmente importa. Não é por acaso que até hoje os vencedores do Super Bowl recebem um troféu com o nome de Lombardi.

Meu objetivo com este livro é fornecer não apenas conselhos táticos, mas também contexto e formas de pensar sobre as situações. Você pode experimentar essas ideias para avaliá-las e ver se elas se encaixam. Não tenho a missão de convencer o mundo a concordar comigo. Se optar por não amplificar, isso é com você. Mas acredito que os capítulos a seguir o ajudarão a fortalecer sua determinação e a travar um bom combate — não apenas se você for um CEO, mas se for um líder em qualquer nível, seja em uma startup, uma grande empresa ou uma sem fins lucrativos.

Eu acredito também que você só pode conseguir esses insights de um companheiro de viagem. Sem ofensa para meus amigos de capital de risco, mas eles geralmente pensam que seus investimentos lhes dão o direito de dar palestras a empresários nas reuniões do conselho, mesmo que muitos do capital de risco nunca tenham estado na frente de combate. Ter visto as coisas serem feitas não é o mesmo que fazê-las.

A mídia elogiou os resultados que minhas três empresas entregaram nas últimas duas décadas, quando chegamos a três IPOs bem-sucedidas e geramos centenas de bilhões de dólares em valor de mercado. É difícil argumentar com resultados. Mas pessoas de fora também questionaram, se não criticaram, as maneiras pelas quais alcançamos esses resultados. Então, vamos começar com uma visão geral das cinco etapas principais do processo de Amplificar: elevar seus padrões, alinhar seu pessoal, aprimorar seu foco, acelerar o ritmo e transformar sua estratégia.

Eleve Seus Padrões

O falecido Steve Jobs foi inspirado apenas por coisas "insanamente ótimas". Ele estabeleceu um padrão alto para aparentemente tudo, e qualquer coisa que não atendesse aos seus padrões era sumariamente rejeitada. Tente aplicar "insanamente ótimo" como padrão diário e veja até onde você chega. As pessoas diminuem seus padrões em um esforço para levar as coisas adiante e tirá-las de suas mesas. Não faça isso. Lute contra esse impulso a cada passo do caminho. Não é preciso muita energia mental para elevar os padrões. Não deixe a indisposição se instalar. Elevar o padrão é energizante por si só.

Em vez de dizer às pessoas o que penso de uma proposta, um produto, um recurso, seja o que for, pergunto o que elas pensam. Elas ficaram empolgadas com isso? Amaram cabalmente? Na maioria das vezes eu ouvia: "É bom" ou "Não é ruim". Elas deduziriam pela minha expressão facial que essa não era a resposta que eu estava procurando. Volte quando *você* estiver explodindo de entusiasmo com o que quer que esteja propondo para o resto de nós.

Todos nós deveríamos estar entusiasmados com o que estamos fazendo. Então canalize seu Steve Jobs interior. Busque o insanamente ótimo. É muito mais energizante!

Alinhe as Pessoas e a Cultura

O alinhamento torna-se um conceito mais importante à medida que a empresa cresce e há muitos elementos móveis. A questão é: estamos todos remando juntos? Estamos todos dirigindo na mesma direção?

Quando entrei na Snowflake, a empresa estava sendo administrada como o que eu chamaria de uma empresa pseudo-SaaS com um modelo de assinatura. Mas é basicamente uma empresa de serviços públicos de computação em nuvem com um modelo de consumo. Tal como acontece com sua companhia elétrica local, você paga apenas pelo que usa. No entanto, como uma empresa SaaS, nossa força de vendas estava completamente focada em reservas, ou no valor do contrato de vendas, embora a Snowflake não reconhecesse um único dólar de receita nas reservas. Somente o consumo real faz com que a receita seja reconhecida. O consumo impulsionou as reservas apenas indiretamente; à medida que os clientes ficavam sem capacidade, eles reordenavam. Essa falta de alinhamento estava em toda parte: os representantes se preocupavam apenas marginalmente com o consumo, e as reservas foram vendidas em excesso a muitos clientes, o que levou a renovações menores, ou o que chamamos de *down-sells*, em períodos futuros. O custo das comissões estava fora de sintonia com as receitas porque não havia relação direta entre a compensação de vendas e as receitas.

Demorou alguns trimestres para fazer a transição da empresa para o consumo. O consumo tornou-se nossa alcunha. Agora olhávamos tudo pela lente do consumo. Conseguimos um melhor alinhamento.

No pagamento de incentivos o alinhamento, é ainda mais importante. Pagamos a todos da mesma forma em nossa equipe executiva e temos um conjunto de métricas criteriosas e centradas pelo qual pagamos bônus. Nosso executivo de vendas não é pago com um plano de comissão se o resto de nós não for. Todo mundo sabe o que estamos buscando.

Outra fonte de desalinhamento é a administração por objetivos (APO), a qual eliminei em todas as empresas em que entrei nos últimos vinte anos. A APO faz com que funcionários ajam como se estivessem comandando seu próprio programa. Como eles são recompensados por suas métricas pessoais, é quase impossível retirá-los dos projetos. Eles começarão a negociar com você por sua saída. Isso não é alinhamento, é cada um por si. Se precisar de APO para fazer com que as pessoas façam seu trabalho, você pode ter as pessoas erradas, os gerentes errados ou ambos.

Aprimore Seu Foco

As organizações geralmente estão dispersadas com muitas prioridades, e muitas delas são mal definidas. As coisas tendem a ser adicionadas à pilha ao longo do tempo, e, antes que percebamos, temos um acúmulo enorme de trabalho. Estamos espalhados por um quilômetro de largura e um centímetro de profundidade. Os problemas com ritmo e andamento são, é claro, relacionados a muita coisa acontecendo ao mesmo tempo. Parece que estamos nadando em cola, movendo-nos em melaço.

Os líderes podem fazer duas coisas que trazem benefícios quase instantâneos. Primeiro, pense na execução mais sequencialmente do que em paralelo. Trabalhe em menos coisas ao mesmo tempo e priorize muito. Mesmo se você não tiver certeza sobre os níveis das prioridades, defina-os de qualquer maneira. O processo em si será esclarecedor. Descubra o que importa mais, o que importa menos e o que não importa. Caso contrário, seu pessoal discordará sobre o que é importante. Estas são as perguntas que deve fazer constantemente: o que *não* vamos fazer? Quais são as consequências de *não* fazer algo? Adquira o hábito de priorizar e repriorizar constantemente.

É relativamente fácil para a maioria das pessoas definir suas três principais prioridades. Basta perguntar a elas. Como exercício, muitas vezes pergunto: se você pudesse fazer só uma coisa pelo resto do ano, e nada mais, o que seria e por quê? As pessoas lutam com essa pergunta porque é fácil estar errado, e é exatamente esse o ponto. Se estivermos errados, os recursos serão mal alocados. Isso é preocupante. Mas evitamos esses diálogos pontuais porque é mais fácil listar cinco ou dez prioridades. As corretas podem nem estar no meio delas.

"Prioridade" deve, idealmente, ser usada apenas como uma palavra no singular. No momento em que você tem muitas prioridades, na verdade não tem nenhuma.

Na ServiceNow, tive uma conversa com nosso novo diretor de produtos sobre "o que é essa única coisa". As organizações de produtos têm um milhão de coisas para fazer e realmente precisam elevar seu pensamento para verem a floresta de cima das árvores. Essa não foi uma conversa rápida ou simples, porque é fácil perder de vista o quadro geral quando se afoga nas obrigações do dia a dia. Eu sabia qual deveria ser a resposta, mas o CPO veria da mesma forma? Ele tinha alguma prioridade?

Chegamos em um foco singular de moldar nossa experiência de antes como usuário industrial para a de serviço de nível de consumidor. Esse não era um projeto de curto prazo; ele exigiria uma mudança de estratégia de longo prazo, se não de cultura de engenharia, com esforço sustentado. Foi importante para o futuro da empresa, mas também difícil, porque exigia mudar nosso DNA. Nossos clientes eram pessoas de TI que tinham alta tolerância a essas experiências mais industriais e não muito intuitivas. A empresa teve que se afastar à força de onde era proveniente. Ter clareza é fundamental, ou as pessoas simplesmente resolverão um problema sem que isso surta efeitos significativos. As intenções em geral são boas, mas são subpriorizadas, com poucos recursos e não totalmente cristalizadas.

A imprecisão causa confusão, mas a clareza de pensamento e propósito é uma enorme vantagem nos negócios. A boa liderança requer um processo interminável de reduzir as coisas ao essencial. Explique em detalhes o que quer dizer! Se as prioridades não forem claramente compreendidas no topo, quão distorcidas elas estarão na base?

Acelere o Ritmo

Em uma organização problemática não há pressa, nem urgência. Por quê? As pessoas precisam estar lá de qualquer modo, então qual é o sentido de se mover mais rápido? Se você já viu o interior de um Departamento de Veículos Motorizados da Califórnia (DMV), sabe como é. A equipe não começa a se mover até as 16h, porque o horário de saída é às 16h30, e a lista de pendências precisa ser eliminada para que todos possam sair na hora. No restante do dia, quem se importa? Eles têm que estar lá de qualquer modo mesmo.

Os líderes ditam o ritmo. As pessoas às vezes pedem para me retornar em uma semana, e eu pergunto: por que não amanhã ou no dia seguinte? Comece a comprimir os ciclos de tempo. Podemos nos mover muito mais rápido se apenas mudarmos a mentalidade. Uma vez que a cadência muda, todos se movem mais rápido, e nova energia e urgência estarão em toda parte. Pessoas de alto desempenho anseiam por uma cultura de energia.

Não é uma coisa de uma só vez; não é um e-mail ou um memorando. É usar cada encontro, reunião e oportunidade para aumentar o ritmo de tudo que está acontecendo. Aplique pressão. Seja impaciente. A paciência pode ser uma virtude, mas nos negócios pode sinalizar falta de liderança. Ninguém quer nadar em cola ou lutar para que as coisas sejam feitas. Algumas organizações diminuem o ritmo das coisas por projeto. Mude isso — o mais rápido possível.

Transforme Sua Estratégia

Grande parte deste livro é sobre execução, especialmente o desenvolvimento de execução implacável em sua missão principal. Mas isso não significa que a estratégia não desempenhe um papel extremamente importante. Uma vez que saiba como executar, você se tornará um estrategista melhor, e a estratégia pode se tornar um multiplicador de força para seus esforços. Transformar sua estratégia exigirá que você "amplie a abertura" de seu pensamento sobre o modelo de negócios, para alcançar mercados novos e maiores. Você precisará desenvolver visão periférica, como um *quarterback* em um campo de futebol americano.

Pensar em estratégia sobrecarrega uma parte diferente de nosso cérebro. É mais abstrato, fluido, dinâmico, multidimensional. Requer conectar coisas aparentemente não relacionadas. Isso pode enlouquecer as pessoas que gostam da parte prática. É como se amarrar a uma mentalidade diferente.

Enquanto todo mundo está de cabeça baixa, você precisa estar de cabeça erguida, para enfrentar tanto a necessidade quanto a oportunidade de transformação estratégica. Desenvolva um senso saudável de paranoia sobre seu modelo de negócios, porque seus concorrentes certamente estão tentando atrapalhar você. Isso é tão certo quanto o sol nascer amanhã.

A Batalha Épica

Depois de me aposentar da ServiceNow em 2017, eu não tinha intenção de assumir outro cargo de CEO. Mas pessoas como eu — e acho que pessoas como você — têm dificuldade em deixar a arena. É emocionante estar de volta à briga como CEO da Snowflake, ajudando uma empresa tão promissora a atingir seu potencial. É uma batalha épica com novas plataformas, novos concorrentes, novos modelos de negócios, tudo voltado para a frente e extremamente estimulante. É difícil se afastar da adrenalina constante com novas experiências e aprendizados.

Liderança é um negócio solitário. Você vive 24 horas por dia, 7 dias por semana, com incerteza, ansiedade e medo do fracasso pessoal. Você toma inúmeras decisões, e estar errado sobre qualquer uma delas pode decepcionar seus funcionários e investidores. As apostas, tanto financeiras quanto humanas, são altas. E o que aumenta o terror é que não há nenhum manual ou guia de como fazer. Todo problema, pelo menos até certo ponto, nunca foi visto antes. Em particular, as empresas em estágio inicial geralmente sentem que estão envoltas em uma névoa de guerra.

Minha esperança é a de que os próximos capítulos o ajudem a enxergar através da névoa, estabelecer contexto, classificar suas opções e amplificar sua organização no caminho para o sucesso.

2

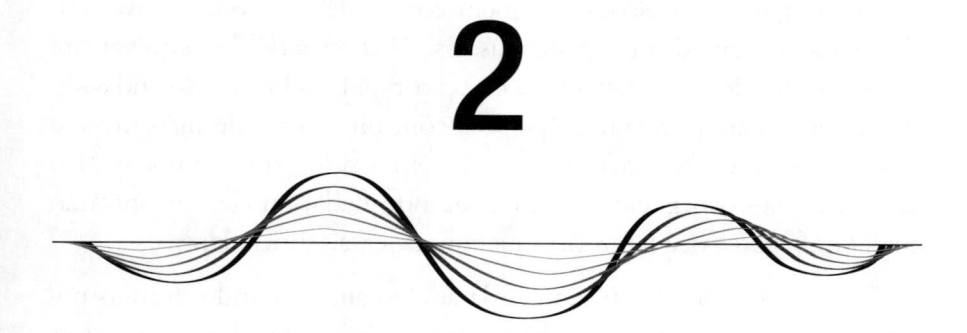

Minha Jornada de Adolescente Limpador de Banheiros a CEO em Série

Antes de continuarmos, devo lhe dar alguma informação sobre como desenvolvi e cheguei à minha abordagem "Amplifique" de negócios. Tem sido uma verdadeira longa evolução por todos os trabalhos que já desempenhei. Você verá mais sobre minhas experiências em muitas dessas funções em capítulos futuros, mas aqui está minha jornada como um todo.

Uma Infância Fundamentada na Disciplina

Não há muito em minha formação que pudesse prever o sucesso como um CEO do Vale do Silício. Cresci em uma família de classe média em meu país natal, a Holanda. Eu era o segundo de quatro irmãos, metade meninos, metade meninas. Nunca fomos privados do essencial da vida, mas também não sobrava dinheiro no fim do mês.

Meu pai era um veterano de duas guerras, e, embora tenha se aposentado da ativa na década de 1950, havia certa disciplina em nossa casa. Ande em linha reta, ombros para trás, não seja desleixado. Etiqueta adequada para as refeições: ninguém comia até que todos estivessem devidamente sentados e alguém dissesse "*Eet Smakelijk*", o equivalente em holandês de "*Bon Appetit*". Correção rápida sobre o uso indevido de talheres. Cumprimente as pessoas com um aperto de mão firme e olhe-as nos olhos. Nunca trate os mais velhos pelo primeiro nome. Não deixe que eles o peguem sem estar fazendo nada, ou eles encontrarão uma tarefa para você fazer. Brinque fora de casa, nunca dentro.

Eu tive um episódio no início da adolescência quando minhas notas escolares estavam caindo. Meu pai não disse que eu precisava tirar notas melhores, apenas que tinha que trabalhar à altura de meu potencial. Enquanto eu trabalhasse duro, ele aceitaria os resultados. Mas ele tinha que estar totalmente convencido de que eu estava, de fato, colocando tudo naquilo. Essa pode parecer uma maneira libertadora de fazer seus pais pensarem a respeito de notas baixas. Na realidade, você se sente assombrado por nunca fazer o suficiente, sente que está deixando de fazer tudo o quanto é realmente capaz.

Na minha adolescência, tive empregos de verão que alimentavam minha ambição. Colhi bulbos de tulipa em uma fazenda no norte da Holanda, andando pelos campos atrás de um trator dez horas por dia, em qualquer clima. Eu também limpei banheiros de fábrica em um verão na empresa na qual meu pai trabalhava. Havia pelo menos mil pessoas trabalhando lá, e eu percorria todos os banheiros entre as 9h e as 17h. Eu tinha um supervisor, que inspecionava meu trabalho, mas ele costumava ir aos banheiros que eu havia limpado logo pela manhã, muitas horas mais tarde, depois que centenas de pessoas os haviam usado. Quando ele criticava meu trabalho, eu reclamava com meu pai. Sua resposta era dura: "Bem, esse é o tipo de pessoa para quem você trabalhará se não tirar notas melhores." Eu tinha 16 anos.

Essa mentalidade de viver à altura de meu potencial me acompanhou desde então. Não sou muito focado no dia a dia dos resultados; sou focado em maximizar o lado de entrada da equação. Fazendo tudo o que pudermos com o melhor de nossas habilidades. É como maratonas ou triatlos, que são 99% de treinamento e 1% de prova. Esse é um modelo duro: você nunca sente que está fazendo o suficiente, e uma sensação de descontentamento paira sobre você. Você precisa de pessoas que pensam como você ao seu redor para que funcione.

Também faz com que não sejamos bons em celebrar. Estamos tão focados no que vem a seguir, que voltas olímpicas e autocongratulação não estão em nosso DNA. Parece que estamos nos azarando. Em vez disso, sempre nos concentramos nos desafios à nossa frente.

Desembarcando nos EUA

Eu me formei *cum laude* na Netherlands School of Economics, Erasmus University Rotterdam. Nunca fui reprovado em um único exame e avancei rapidamente no programa de estudos. Depois de três anos, eu estava um ano adiantado, então aproveitei para fazer estágios nos Estados Unidos. Eu nunca tinha estado nos EUA antes.

Eu amava a América. As pessoas eram receptivas e gentis, e todos pareciam estar sempre de bom humor e otimistas. Era um contraste tão grande; de onde eu vinha as pessoas estavam mais resignadas com seu destino, e choramingar era um passatempo nacional. Mas os norte-americanos sempre pareciam pensar que poderiam fazer melhor. O espírito nacional era bastante energizante, comparado ao que eu estava acostumado.

Voltei à Holanda um ano depois para terminar a faculdade, escrever minha tese de doutorado e me formar. Eu era o único de minha família a se formar na universidade. Enquanto isso, me ofereceram um estágio de acompanhamento, o que me levou de volta aos EUA. Por isso nunca trabalhei na minha terra natal e não senti falta disso. Talvez eu tivesse nascido no país errado.

Desembarquei nos EUA com cerca de cem dólares no bolso. Eu precisava de todo tipo de ajuda, o que prontamente recebi. Alguém me entregou as chaves de um Buick LeSabre 1974, disse "Pague-me quando puder" e foi embora. As pessoas foram incríveis. Como meu estágio na Uniroyal era temporário, eu precisava conseguir um emprego de verdade e começar minha carreira. Mais fácil falar do que fazer. Eu falava com um forte sotaque, recém-saído do avião, com credenciais difíceis de pronunciar, quanto mais explicar.

A Uniroyal era uma empresa de pneus que também fabricava os revestimentos Naugahyde, uma verdadeira indústria de chaminés. Fiquei surpreso com o que vi lá: demissões, sindicatos, mercados evaporando. Naquela época, achávamos que a indústria de computadores era o futuro. Ainda não era um grande negócio, mas pelo menos era dinâmico e crescente. Eu estava de olho na IBM, o padrão-ouro em computadores em 1985. Mas fui rejeitado pela IBM cerca de uma dúzia de vezes antes de desistir. Eles não sabiam o que fazer com minhas credenciais europeias. Desde então, percebi que estava destinado a um caminho diferente, e eles estavam me fazendo um favor em não me contratar.

Burroughs Corporation e Comshare

A Burroughs Corporation estava sediada em Detroit, Michigan. Eles tinham um novo CEO, Michael Blumenthal, ex-secretário do Tesouro no governo Carter e professor de economia de Princeton. Minhas credenciais talvez parecessem menos exóticas lá, e fui contratado para uma função de planejamento corporativo. Não era o que eu queria, mas imaginei que faria meu caminho a partir dali. Passamos vários anos no que se tornou a Unisys, a fusão da Burroughs e da Sperry.

Uma grande lição se destaca daqueles dias. A Burroughs achava que eles eram pequenos demais para competir com a IBM, que era vista como um gigante. Assim, a estratégia deles era ganhar escala fundindo-se com a Sperry. Desde então, aprendemos que o tamanho não é tudo, e muitas vezes é uma desvantagem quando as coisas estão mudando rapidamente. Todas as empresas que dirigi mais tarde competiriam com empresas muito maiores, e nossa falta de tamanho era uma vantagem. Os grandes operadores não sabiam o que os atingiu. Bebês crescem para se tornar soldados.

Todos nós precisamos ter cuidado com o "elevador" em que entramos no início de nossas carreiras. Alguns sobem, outros descem, outros não se movem. Está muito além de nosso controle, então escolha com sabedoria. Vimos exemplos impressionantes desse fenômeno no Vale do Silício. Qualquer um que tenha passado os últimos vinte anos no Google, na Amazon ou na Apple teria se saído espetacularmente bem, independentemente de seu mérito individual. E quem ficasse em empresas como IBM e HP teria estagnado nesse período.

Depois de cinco anos na Burroughs/Unisys, eu queria entrar na área de software, que ainda era uma indústria nascente nos anos 1980. A Microsoft estava estabelecida, mas a Oracle ainda parecia uma startup. Infelizmente, a geografia era um fator. Michigan era um ótimo lugar para automóveis, mas péssimo para software. Consegui um novo emprego como gerente de produto para uma empresa de compartilhamento de tempo em Ann Arbor chamada Comshare, que estava desenvolvendo "sistemas de suporte à decisão", um precursor da análise de dados e do processamento analítico online.

A essa altura, eu estava com vinte e tantos anos e desesperado para tentar provar meu valor. Eu queria gritar: "Dê-me qualquer produto, não importa o quão terrível, e eu lhe mostrarei o que posso fazer com ele." Não era para ser. As empresas eram mais sérias, hierárquicas e rígidas na época. Elas não se arriscariam com esse novato mal-humorado da Europa. O gerenciamento de produtos era um papel funcional que separava a propriedade de várias funções entre diferentes departamentos. Sempre agi como se fosse o dono de tudo, fosse ou não. Isso nem sempre caiu bem com colegas ou superiores. Desde então, sempre tentei aumentar o senso de propriedade de nosso pessoal para que atuassem como donos. Essa mentalidade precisa ser cultivada.

Em um movimento imprudente, alimentado pela frustração, fui para uma startup na Holanda com alguns de meus colegas de faculdade. Eu soube quase imediatamente que era um movimento estúpido. Em retrospectiva, eu estava me sentindo como um animal enjaulado durante esse período. Mas em longo prazo, foi útil, porque quebrou a trajetória em que eu estava.

Compuware

Enquanto ainda estava na Comshare, recebi ligações de recrutamento da Compuware, em Farmington Hills, Michigan. A Compuware estava crescendo e querendo migrar para o que então chamamos de sistemas abertos — basicamente qualquer plataforma que não fosse mainframes IBM ou minicomputadores DEC. Fui contratado como o primeiro gerente de produto de sistemas abertos não mainframe da Compuware, o que acelerou minha carreira. Dentro de sete anos, eu chegaria a vice-presidente e gerente-geral e estaria bem preparado para desafios maiores.

Passei apenas dezoito meses ou mais em seu escritório em Michigan. A Compuware adquiriu uma empresa holandesa chamada UNIFACE, que desenvolvia software de aplicativos multiplataforma. Não demorou muito para que eles tivessem problemas com a teimosa cultura holandesa e precisassem de um gerente com passaporte holandês para ajudá-los a resolver os problemas. Agarrei a oportunidade de voltar a Amsterdã e assumir toda a operação, que parecia em desordem. Os colegas me avisaram para não ir porque o lugar não poderia ser salvo, e acharam que eu afundaria com o navio. A Compuware comprou a UNIFACE no fim de seu ciclo de produto viável.

Mas, até agora, minha carreira se tratava de assumir o que parecia ser algo de baixíssima probabilidade de sucesso, trabalhos que ninguém queria nem chegar perto. De qualquer maneira, era o único caminho aberto para mim, e não me importava o quão complicados eram esses acordos. Quando jovem, você superestima facilmente suas capacidades. Foi quando comecei a aprender o que acontece quando você entra nos elevadores errados.

Conseguimos estabilizar a UNIFACE, e ela ainda está atuante hoje, 25 anos depois. Isso se tornou uma experiência de carreira formativa em meus trinta e poucos anos. Eu nunca tive muitos clientes grandes e de missão crítica, e centenas de funcionários sob minha responsabilidade antes. Também comecei a desenvolver um olho para o talento, o que se tornou a pedra angular de meu foco de gestão dali para a frente. Exigia muito de mim, mas também dos outros. Você pode ir longe com boas pessoas, mas elas exigem e merecem uma liderança real.

Eu deveria retornar a Michigan depois de três anos, mas a Compuware tinha outro incêndio a ser apagado, desta vez na Califórnia. A empresa havia comprado uma série de startups no Vale do Silício e as administrava como uma única divisão, chamada EcoSystems. Os valores conservadores estabelecidos no meio-oeste e habituados a fazerem tudo à sua maneira caíram de cabeça em um Vale do Silício em ascensão. Cheguei lá no fim de 1997, no auge da bolha tecnológica. As empresas estavam abrindo o capital com base na força de suas métricas calculadas a olho, não no crescimento ou nos lucros.

Estávamos entre a cruz e a espada — a cultura empresarial tradicional e conservadora do meio-oeste, de um lado, e as formas radicais e empreendedoras do Vale do Silício, do outro. Estabilizamos as linhas de produtos em dificuldades que gerenciávamos, mas continuamos perdendo bons talentos, porque a matriz não nos deixava igualar os salários e o patrimônio oferecidos pelas empresas pontocom. Trabalhadores qualificados afluíram para outras empresas que estavam dando promoções, aumentos salariais e distribuindo bônus como doces de Halloween. Foi louco. Tivemos uma operação de recrutamento considerável, mas as pessoas saíam mais rápido do que chegavam.

Lidamos de uma maneira que tenho usado desde então: contratar pessoas à frente de sua própria curva. Contrate mais por aptidão do que por experiência e dê às pessoas a oportunidade de carreira de uma vida. Elas serão motivadas e focadas com uma atitude infalível. Os bons agarrariam a oportunidade de acelerar suas carreiras conosco.

Ainda tento contratar mais por aptidão do que por experiência. Nem sempre exigimos pessoas do tipo que já fizeram isso ou aquilo. Avaliar os campos em um currículo é fácil. Avaliar a aptidão é mais difícil. Procure ambição, atitude, habilidades inatas. Talvez, procure a mesma pessoa frustrada na carreira que eu fui todos esses anos. Foi bastante satisfatório transformar isso em uma estratégia poderosa para impulsionar os negócios. Acabei com um talento melhor, mais barato, mais leal e mais motivado do que teríamos com uma mentalidade de contratação convencional. Isso vem com risco, mas sempre há risco na contratação. Eu errei com ótimos currículos muitas vezes.

Borland

Em meados de 2000, cortei o cordão da Compuware e entrei para a Borland como vice-presidente sênior de operações de produtos, basicamente executando tudo, exceto vendas e funções corporativas. A Borland era outra empresa de marca de alta reputação com seguidores leais, se não fanáticos, de desenvolvedores. Mas passou por momentos difíceis, até mudando seu nome para Inprise. Mudamos o nome de volta e ressuscitamos a marca e o negócio Borland. A Borland se saiu bem na plataforma Java da Sun Microsystems com sua linha de ferramentas de desenvolvimento de software. Agora chegando aos 40, eu ainda estava aceitando crianças problemáticas.

Tendo deixado o útero da Compuware no meio-oeste, comecei a me conectar mais no Vale do Silício. Você pode ir a um número infinito de reuniões no Vale do Silício. Recrutadores, empresas de capital de risco e inúmeras empresas que desejam comprar, vender, investir ou contratar. O lugar às vezes parece uma única colmeia que está reconstituindo novas empresas o tempo todo.

Rapidamente aprendi que meus sete anos na Compuware e todas as coisas que fiz lá impressionaram poucas pessoas no Vale. Comecei a receber propostas para cargos de CEO de startups em apuros, basicamente o fundo da pilha de empreendimentos. Fui advertido ao longo do caminho por amigos da indústria para aguentar o tempo que fosse necessário. Evite os acordos de segunda e terceira linhas, que provavelmente seriam elevadores para lugar nenhum.

Fui rejeitado repetidamente por melhores negócios com a mesma desculpa: você nunca trabalhou com vendas. Embora isso fosse verdade, eu era (na minha opinião) uma pessoa de produto altamente orientada para vendas. Como eu selecionaria esse campo? Você simplesmente não passa para vendas depois de ter sido uma pessoa de produtos durante toda sua carreira. Liderei a partir do front e vendi lado a lado com as equipes de vendas. Essas rejeições me deixaram com uma opinião desfavorável junto a muitos capitalistas de risco que não reconheceriam o talento mesmo se ele estivesse à sua frente.

Mais tarde, eu tiraria alguma satisfação desses opositores negativistas ao trabalhar como CEO em três das empresas de crescimento mais rápido na história do Vale do Silício.

Data Domain

Finalmente, na primavera de 2003, fui escolhido por uma startup em estágio inicial chamada Data Domain. Não tinha receitas, nem clientes. O que despertou meu interesse foram os investidores: Aneel Bhusri, da Greylock, e Scott Sandell, da NEA — VCs de empresas de primeira linha. Eles viram além de minhas credenciais não convencionais e entenderam que eu simplesmente me recusaria a falhar. A Data Domain tinha um fundador, o Dr. Kai Lee, um professor de ciência da computação que teve que voltar para Princeton no outono, e eles precisavam de um CEO. Tornei-me o primeiro (e único) CEO da Data Domain em julho de 2003.

Naquela época, o Vale do Silício era um terreno baldio após o estouro da bolha das pontocom. O jogo do talento era mais fácil por causa da queda na demanda, mas levantar capital de risco era mais difícil. As coisas pareciam lentas e letárgicas. Startups eram vistas como arriscadas pelos funcionários. Os clientes queriam comprar seu armazenamento de dados de grandes provedores de baixo risco, como EMC e NetApp. Todo o Vale parecia estar com uma ressaca gigantesca. Portanto, a Data Domain estava longe de ser uma certeza. Não havia como saber. Fomos uma das centenas de startups no espaço de tecnologia empresarial.

Também recebemos palestras de nossos VCs sobre outras empresas que supostamente eram modelos para nós. Algumas dessas empresas não seriam nem lembradas hoje. Ainda peço desculpas aos CEOs que, anos mais tarde, receberam palestras sobre a Data Domain como modelo. Um dos hábitos mais irritantes que os VCs têm é a "correspondência de padrões", fazendo recomendações e sugestões com base no que outras empresas supostamente bem-sucedidas estavam fazendo. Não há duas empresas iguais, e só porque outra empresa está fazendo, não significa que esteja certo.

Nossas experiências iniciais na Data Domain não foram inspiradoras. Tínhamos uma matriz de armazenamento em disco de backup que tinha um recurso bem projetado de desduplicação de dados integrado. Ele filtrava segmentos redundantes em tempo real, ou em linha, como costumávamos dizer. E o fazia com rapidez e baixo custo. Nossa arquitetura era superior e se tornou um diferencial duradouro. Ainda dizemos "Arquitetura importa" na Snowflake; todos nossos sucessos nas três empresas em que fui CEO remontam a uma arquitetura superior.

Mas nossa matriz de armazenamento de backup DD200 inaugural era pequena, lenta e tinha poucos casos de uso viáveis para manter uma função de vendas ativa. Não conseguíamos fazer backup de nada em escala, como um sistema de arquivos ou um banco de dados. Debatíamos voltar ao modo de P&D até termos um produto maior e mais rápido. Mas temíamos, com razão, que não pudéssemos arrecadar dinheiro com base nisso. Capital de risco era igual a oxigênio naqueles dias. Você gerenciava uma startup de um marco de arrecadação de fundos para outro naquela época.

Vendemos o que pudemos com pouquíssimas pessoas e um esforço enorme naquele primeiro ano e acumulamos US$3 milhões em vendas. O produto dobrou em tamanho e velocidade, e no ano seguinte, aumentamos as vendas para US$15 milhões. "Maior *e* mais rápido" tornou-se nosso mantra, como aqueles antigos comerciais da cerveja Miller Lite, "Less Filling — Tastes Great". Nós nunca mais voltamos atrás.

Agora que descobrimos a fórmula, escalamos o negócio tão rápido quanto o roteiro de tecnologia permitia. De US$15 milhões, passamos para US$45 milhões, para US$125 milhões e depois para US$275 milhões em receitas anuais. Ainda me lembro de uma reunião do conselho em que os diretores lentamente perceberam que dobramos o tamanho de toda a empresa em um trimestre. Como plataforma de hardware, a Data Domain tinha margens de produto na casa dos 80, como um produto de software.

A Data Domain abriu seu capital na Nasdaq em 2007, após uma seca de quase seis anos de IPO em Wall Street. Em 2009, foi adquirida pela EMC após uma guerra de licitações públicas de alto nível com a NetApp. A EMC é hoje parte da Dell, e me disseram com segurança que a Data Domain ainda é, mais de dez anos depois, um dos principais contribuintes para o lucro desse portfólio de produtos. A EMC acelerou massivamente a distribuição da Data Domain e rapidamente se tornou um negócio multibilionário, o que ainda é hoje. Joe Tucci, CEO da EMC, comentou que, depois do VMWare, a Data Domain foi o melhor negócio que ele já fez. Foi também a maior aquisição que a EMC já fez.

A Data Domain consumiu capital de risco líquido de US$28 milhões desde o início e, seis anos depois, retornou US$2,4 bilhões aos acionistas — a mágica de combinar capital com talento, a essência da economia e do capitalismo. Como ex-acadêmico de economia, agora eu tinha uma melhor apreciação do que estudara anos antes em Roterdã.

Transições: EMC e Greylock

Aceitei o acordo com a EMC, como vice-presidente executivo e presidente da divisão. Não porque eu realmente quisesse trabalhar para a EMC, mas porque me senti obrigado pela honra depois de vender um ativo multibilionário para proteger os negócios e as pessoas. Isso acabou sendo necessário. O CEO da EMC sabiamente nos pediu para assumir todos os produtos de proteção de dados da EMC. Ele tinha uma boa razão: eles estavam, em sua maioria, definhando ou em declínio. Os produtos são facilmente negligenciados em empresas maiores. Ativos de tecnologia de baixo desempenho pareciam me seguir como um mau hábito.

Vendemos a empresa para a EMC em grande parte porque eles tinham os ativos de armazenamento complementares que a Data Domain não tinha. Tudo o que precisávamos fazer era arrumar e integrar esses produtos, e a lendária organização de canais e vendas da EMC faria o resto. Foi o que aconteceu. A divisão tornou-se um produtor formidável e contribuinte de lucro em pouco tempo. Então, conforme acordado anteriormente com a EMC, saí após dezoito meses.

Depois de trabalhar com investidores de risco por anos, decidi experimentar esse aspecto do mundo da tecnologia. Então me juntei à empresa de capital de risco Greylock, como sócio. Muitas pessoas especularam abertamente que eu não duraria, e elas estavam certas. Eu não só não estava pronto, como também me faltava o temperamento para uma parceria de risco. A Greylock é uma boa empresa, mas simplesmente não éramos uma boa combinação. A maioria das empresas de risco é de parceria, sem cadeia de comando. Elas são altamente colegiadas — espera-se que todos se deem bem e tomem decisões juntos. Eu me senti um peixe fora d'água.

ServiceNow

Em 2011, iniciei conversas com a ServiceNow.com, empresa de rápido crescimento, com sede em San Diego, que tinha aquele estilo de vida descontraído do sul da Califórnia por toda parte. O trabalho parecia estar no fim da lista de prioridades ali. A ServiceNow já estava com uma taxa de execução de receita de US$75 milhões; o infame "abismo" de startups, popularizado pelo autor de administração Geoffrey Moore, nem poderia ser considerado um obstáculo. Surpreendentemente, a empresa foi inicializada com apenas US$6 ou US$7 milhões em capital e conseguiu colocar US$50 milhões em dinheiro no balanço das operações.

A empresa ainda era administrada por seu fundador e CEO, mas era indevidamente controlada por sua função financeira: estava literalmente faminta por recursos. Quando conheci o departamento de P&D, descobri que era apenas o fundador e um punhado de seus comparsas. No P&L, o P&D não chegou a 2% do faturamento. Normalmente se esperaria que essa porcentagem fosse de quinze a vinte vezes maior em uma empresa nesse estágio de evolução. Como o novo CEO, decidi mudar isso o mais rápido possível.

Nossa chamada nuvem era um serviço de hospedagem. A empresa tinha grandes adotantes iniciais, incluindo GE, Johnson & Johnson e Deutsche Bank, e eu recebia ligações frenéticas de seus CIOs perguntando o que estava acontecendo. Eu compartilhava de sua ansiedade. Estava ansioso para pegar o telefone ou abrir meu e-mail pela manhã por um bom ano e meio. Não havia somente muito trabalho a fazer; nós realmente não sabíamos como fazer isso. Não havia ninguém na empresa que já houvesse construído uma plataforma de computação em nuvem antes.

Enquanto isso, continuamos adquirindo e integrando clientes. Não éramos uma nuvem real no significado da palavra em ciência da computação. Éramos um serviço hospedado, ou seja, cada cliente tinha suas próprias instâncias de hardware e software. A ServiceNow não era o que se chamava de "multi-tenant", onde os clientes compartilham recursos de computação. Acabamos nos juntando a alguns pioneiros do eBay que tinham experiência real, que, em retrospectiva, também era limitada, mas era muito mais do que sabíamos naquela época.

Poucas pessoas do lado de fora, ou mesmo do lado de dentro, sabiam o quão perto a ServiceNow chegou de implodir. Em uma sexta-feira, um técnico freelancer atualizou inadvertidamente oitocentos clientes, quebrando ou interrompendo todos seus sistemas. Ainda nos referimos a esse dia como Black Friday; não sei até hoje como conseguimos sobreviver a isso. Depois disso, o trabalho de freelancer se tornou uma violação de "um erro e você está fora".

Alguns de nossos executivos me imploravam para vender a empresa porque estavam assustados e sobrecarregados. Fred Luddy, nosso fundador, disse uma vez que éramos como um caminhão descendo a encosta de uma montanha com uma porca parcialmente apertada em cada roda. Parecia que explodiríamos a qualquer momento.

O fundador Fred Luddy e eu batemos de frente desde o início. Ele até comentou que se arrependia de ter me levado, e meus colegas, para administrar a empresa. Em um tópico de e-mail, ele anunciou que me substituiria. Eu tive que explicar que não existe substituição para CEOs. Eu disse: "Você pode ir ao conselho e ver se eles gostariam de me demitir e devolver seu antigo emprego. Enquanto isso, estamos fazendo como definido." No fim, Fred caiu em si e acabou se tornando um fã, mas demorou um pouco. Mudanças podem ser difíceis.

A ServiceNow montou tudo meticulosamente ao longo de dois angustiantes anos. Nunca diminuímos a velocidade da empresa; pelo contrário, continuamos jogando lenha na fogueira. Não desperdiçaríamos essa oportunidade, não importando o que pudesse acontecer. Estávamos crescendo a um ritmo alucinante e tentando construir o serviço ao mesmo tempo. Nossa cultura tornou-se muito mais fundamentada, metódica e analítica ao encarar seus desafios. Um pé na frente do outro. Um tijolo na parede após o outro. Contratamos, mas também demitimos muitas pessoas naqueles primeiros dias de rápido crescimento.

O que me assombrou na experiência da Data Domain foi a necessidade premente de transformação que não conseguimos executar. Foi por isso que acabamos vendendo. Na Data Domain, era como se estivéssemos sem acesso ao mar e ficaríamos sem mercado, sem possibilidades de expansão além de nosso negócio principal de backup e recuperação, sem conseguir fazer grandes aquisições. Não tínhamos balanço patrimonial ou valor de mercado para crescer via aquisições. A EMC tinha, e o resto é história.

Agora eu estava focado em como a ServiceNow poderia expandir além de seu Total Addressable Market (TAM) inicial para evitar o destino da Data Domain. Gato escaldado tem medo de água fria. Ao passar pelo processo de entrevista do CEO com o conselho de administração, continuei ouvindo sobre clientes que usaram o produto em domínios completamente diferentes dos de TI. O pessoal da ServiceNow realmente não pensou muito nisso, mas foi um fator importante para mim. Parecia que essa era uma plataforma genérica de fluxo de trabalho de gerenciamento de serviços que poderia ser adaptada para qualquer domínio de serviço. O mercado estava sinalizando isso.

Uma vez que superamos nossos desafios operacionais urgentes e de curto prazo, expandimos a empresa de licenciar apenas a equipe de gerenciamento de suporte técnico para todos na função de TI, um universo muito maior de funcionários. A ideia era a de que todos no departamento de TI estivessem envolvidos no fluxo de trabalho para resolver incidentes. Não apenas o suporte técnico, mas também administradores de sistema e banco de dados, engenheiros de rede e desenvolvedores de aplicativos. O ServiceNow tornou-se um sistema de registro, bem como um sistema de engajamento para todo o departamento de TI. Estava se tornando o sistema do CIO.

O posicionamento expandido nos permitiu avançar na organização do cliente, fazer negócios maiores e realmente nos tornar uma plataforma estratégica de gerenciamento de TI para grandes empresas.

Uma vez que isso estava em andamento, expandimos ainda mais lançando meia dúzia de unidades de negócios em domínios de serviço fora da TI corporativa. Eles usaram a plataforma de software ServiceNow subjacente, mas a adaptaram para novos usos no nível do aplicativo. Agora tínhamos produtos exclusivos para cada área de serviço. Eu esperava que apenas algumas dessas linhas de serviço dessem certo, mas todas pegaram fogo, algumas mais do que outras. Nosso novo modelo organizacional permitiu que as equipes se destacassem por conta própria, sem dependência excessiva de organizações externas. A ServiceNow tornou-se um campo de treinamento ideal para executivos com motivação bruta, algo a provar e rancor guardado. Eu gostei de ajudá-los a se desenvolver como líderes.

Até nos aventuramos no território da nuvem de serviços, usando o ServiceNow para suporte ao cliente. Tínhamos alguns fortes defensores internos para isso porque nós mesmos o usávamos dessa maneira. Eu os segurei, não acreditando que poderíamos ir tão longe tão cedo. Era um centro de compras muito diferente do que estávamos acostumados; nós nem conhecíamos essas pessoas, e elas não nos conheciam. As demandas de produtos nessa área de serviço também eram mais orientadas para o consumidor do que para a empresa, um padrão mais alto de sofisticação da interface do usuário. Cedi, ainda não convencido, mas descobri que estava errado. Essa nova fonte de receita funcionou — na verdade, decolou. Há momentos em que você precisa rever seus próprios pontos de vista e apostar na convicção dos outros.

Nosso posicionamento se expandiu ainda mais ao ponto de grandes empresas designarem a ServiceNow como sua plataforma de fluxo de trabalho para todos os domínios de serviço. Os funcionários interagiam com apenas um sistema, o ServiceNow, e não precisavam mais navegar em suas organizações para encontrar funções e pessoas que pudessem resolver seus incidentes, problemas, perguntas e tarefas. Algumas grandes empresas criaram novas equipes para executar o que chamaram de serviços de negócios globais no ServiceNow. A ServiceNow evoluiu para uma plataforma de fluxo de trabalho de serviço sem limites. Às vezes eu me referia a ela como uma "plataforma de mensagens estruturadas", em contraste com as mensagens não estruturadas de e-mail, texto e vários outros serviços de mensagens. Estruturado significava que os dados eram definidos dentro da mensagem ou tarefa, e a lógica poderia operar sem limites.

Quando anunciamos planos de abrir o capital da empresa na Bolsa de Valores de Nova York em 2012, havia muitos opositores que não acreditavam em nós. O Gartner Group hospedou os chamados bate-papos com investidores durante nosso roadshow, basicamente questionando tudo o que estávamos transmitindo. Os detratores por fim tiveram que admitir que estavam completamente errados sobre o ServiceNow. Enquanto escrevo isso, sua capitalização de mercado está acima de US$100 bilhões e continua crescendo.

Uma Breve Aposentadoria

Eu não sabia disso na época, mas, em 2017, eu estava esgotado. Depois de muitos anos na linha de fogo, senti que não tinha muito mais para dar. Então eu deixei o cargo e entreguei as rédeas para John Donahoe, ex-CEO do eBay. A ServiceNow estava em uma forma incrível, e eu acreditava que nossos três anos anteriores haviam nos colocado em uma trajetória de crescimento que seria quase impossível de descarrilar. Bill McDermott, ex-CEO da SAP, assumiu o cargo de Donahoe em 2019, e a empresa continua em crescimento acelerado até hoje.

As primeiras semanas de minha aposentadoria, em abril de 2017, foram libertadoras, até mesmo eufóricas. Não ir trabalhar na segunda-feira e não sentir os relatórios trimestrais apontados para minha testa foi maravilhoso. Depois de décadas de trabalho duro, finalmente tive bastante tempo livre.

Passei muito mais tempo na minha paixão pela vela de regata. Minha equipe correu um TP52 chamado Invisible Hand nas regatas da Califórnia, México e Havaí. O destaque dessas temporadas de corrida foi vencer a Transpac 2017, uma corrida oceânica icônica que é disputada a cada dois anos desde 1906. Ela começa em Los Angeles e vai até Oahu, no Havaí. Assim como nos negócios, nos concentramos em recrutar grandes talentos. O Invisible Hand tinha uma equipe incrível de marinheiros profissionais, e eu estava emocionado por estar no oceano com eles.

Além de velejar, juntei-me a alguns de meus amigos de capital de risco para investir em empresas em estágio inicial e participei de alguns conselhos. Admito que não sou o melhor membro do conselho: fico impaciente e luto com o relacionamento menos mão na massa que os conselhos devem ter com a administração. Como aprendi na Greylock, tenho o temperamento de um operador, não de um investidor/consultor.

Um dos conselhos em que eu estava trabalhando era o da Pure Storage, uma empresa de matriz de armazenamento em flash bem-sucedida que havia sido iniciada antes de seu IPO por Mike Speiser, da Sutter Hill Ventures. Mike é um VC único: ele apresenta ideias totalmente novas, recruta talentos extremamente sofisticados e os lança como uma startup, geralmente atuando como o primeiro CEO da empresa.

Junto com a Pure, Mike também havia iniciado a Snowflake em 2012. Às vezes nos reuníamos para comparar notas, incluindo atualizações sobre o progresso da Snowflake. Mike queria que eu me juntasse ao conselho da Snowflake, mas nada aconteceu. Foi quando eu estava focado em regatas de veleiro. Então, em uma tarde de março de 2019, Mike e eu almoçamos, e ele deixou escapar: "O que seria necessário para você assumir o comando da Snowflake?" Minha reação: "O quê?"

Eu não tinha decidido entrar em campo novamente. Eu nem tinha considerado isso como uma possibilidade séria. Sempre que alguém perguntava, minha resposta era "nunca diga nunca". Nunca conversei com outra empresa. Mas a Snowflake era especial — ela havia construído uma plataforma de gerenciamento de dados para as novas plataformas de computação em escala de nuvem da Amazon Web Services (AWS), Microsoft Azure e Google Cloud Platform (GCP). Os fundadores da Snowflake eram tecnólogos dedicados, imersos em tecnologia de banco de dados de última geração. Eles não queriam levar esse legado para a nuvem. Em vez disso, eles reimaginaram e reinventaram o gerenciamento de dados de cima a baixo. Foi praticamente um exercício de folha de papel em branco, o que raramente acontece em tecnologia.

É improvável que outra empresa além da Snowflake tivesse me persuadido a voltar à arena, mas a oportunidade de me tornar seu CEO foi difícil de resistir. Hoje sou menos motivado pela ambição de carreira do que pela fome de esporte, ação, emoção, trabalho em equipe e uma busca interminável de autoaperfeiçoamento. Estar aposentado foi ótimo, mas o desafio de estar à altura da ocasião combina melhor com meu temperamento.

Snowflake

Comecei a trabalhar em 26 de abril de 2019. No lado positivo, a Snowflake já estava rodando com sucesso, e seus resultados recentes foram fascinantes. Os principais processos de gerenciamento de dados, como consultas complexas e ingestão de dados, eram executados uma ou duas ordens de magnitude mais rápido do que anteriormente em data centers locais. Ela inovou em vários vetores ao mesmo tempo: abordou volumes de dados muito maiores, aumentou de forma drástica o desempenho computacional e permitiu a execução simultânea praticamente ilimitada de cargas de trabalho. Você pode acionar quantas cargas de trabalho seu apetite e orçamento permitirem. Você poderia executá-las quantas vezes quisesse e tivesse orçamento. Você podia superprovisionar cargas de trabalho e fazê-las funcionar muito, muito mais rápido do que nunca. E usava um modelo de utilidade: você podia comandar quantos recursos quisesse, pelo tempo que quisesse, e ser cobrado pelo que realmente consumiu.

No lado negativo, a empresa ficou bastante impressionada consigo mesma, precisamente porque o crescimento estava além de todas as expectativas. Comecei a entender por que Mike estava tão ansioso com a liderança e convenceu o conselho a considerar uma mudança. A Snowflake tinha um produto incrível, mas sua execução era cada vez mais questionável. O P&L revelou que se tratava de uma empresa com muito financiamento, mas sem muita disciplina. Sem mudanças dramáticas, ainda poderia ter uma grande saída de, digamos, US$10 bilhões em valor. Mas por que não ir para US$100 bilhões ou mais? A oportunidade estava ali, se pudéssemos apenas amplificar as coisas.

As primeiras semanas de meu mandato foram confusas, pois rapidamente removi muitos dos chefes de departamento de seus cargos. O CEO anterior tinha mais de uma dúzia de subordinados diretos, mas eu planejava ter apenas cinco ou seis. A mudança estava chegando rápido, e fui criticado por remover pessoas que não conhecia bem. Os críticos disseram que eu deveria ter dado a todos uma chance justa de provar que poderiam atender às minhas expectativas, mas eu não vi dessa forma. Eu queria eliminar a incerteza e a dúvida trazendo alguns executivos infalíveis com os quais havia trabalhado em empresas anteriores. Quando você assume uma empresa com uma ampla gama de problemas, precisa começar a resolver os problemas mais diretos o mais rápido possível para poder concentrar o foco nos mais difíceis. Trazer alguns atores já estabelecidos era algo óbvio a se fazer.

Por exemplo, eu havia contratado pela primeira vez Mike Scarpelli como CFO da Data Domain em 2006 e, quando entrei na ServiceNow em 2011, consegui que o conselho o aprovasse para a mesma função antes mesmo de começar. Agora me aproximei de Mike novamente, mesmo antes de decidir aceitar o cargo de CEO na Snowflake. Nós éramos um pacote; eu provavelmente teria recusado se Mike não tivesse concordado em ser meu copiloto novamente. Eu jogo no ataque, enquanto Mike joga na defesa, tornando-o uma contrapartida perfeita para mim. Costumamos ter conversas curtas porque estamos alinhados com padrões e prioridades. O conselho da Snowflake deu a Mike um contrato como CFO.

Para ter certeza, a Snowflake já tinha um monte de gente realmente notável, especialmente no lado do produto e do marketing. Havia problemas nas vendas, mas demorei mais tempo escolhendo meu caminho nessa parte essencial do negócio. É como uma cirurgia; se você for indiscriminado, pode prejudicar mais do que ajudar, e não podemos nos dar ao luxo de prejudicar nosso impulso de vendas. As funções corporativas, por outro lado, mal respiravam e precisavam de muitas mudanças.

A operação de produto tinha vários líderes diferentes tentando conduzir prioridades conflitantes. Removemos alguns e depois elevamos nosso cofundador Benoit Dageville a presidente de produtos, consolidando a liderança de produtos. Contratamos um novo executivo de alto escalão, Greg Czajkowski, para dirigir a engenharia, e essa equipe está funcionando agora melhor do que nunca; isto é, de acordo com nossos veteranos da Snowflake.

Abrimos o capital na NYSE em 16 de setembro de 2020, cerca de um ano e meio depois que nossa equipe chegou. Foi anunciado como o maior IPO de software da história e um dos maiores IPOs de tecnologia de todos os tempos, com nossas ações oferecendo massivamente uma avaliação de mercado de mais de US$70 bilhões. Todo mundo queria uma parte da Snowflake.

Tornando-se um Líder Amplificado

A maior diferença entre o eu mais jovem e o eu mais velho é que agora sou muito mais rápido para entender o que realmente está acontecendo e o que precisa acontecer para amplificar uma organização. Anos atrás, eu costumava hesitar e esperar que as situações passassem, muitas vezes tentando ajustar pessoas ou produtos com baixo desempenho, em vez de desligar o plugue. Naquela época, eu era visto como um líder muito mais razoável e atencioso, mas isso não significava que eu estava certo. À medida que adquiri mais experiência, percebi que muitas vezes estava apenas desperdiçando o tempo de todo mundo. Se sabíamos que algo ou alguém não estava funcionando, por que esperar? Como diz o ditado, quando há dúvida, não há dúvida.

O restante deste livro lhe dará uma compreensão mais profunda de como fazer o mesmo em sua própria organização. Você também pode se tornar ótimo em descobrir rapidamente o que manter, o que descartar e o que corrigir na jornada para ser uma empresa de alto desempenho e orientada para a missão.

Parte

II

Eleve Seus Padrões

3

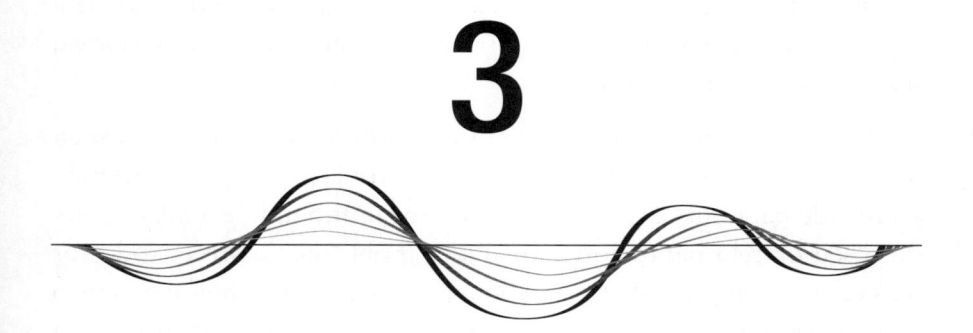

Torne Sua Organização Orientada para a Missão

O que Significa Ser Orientado para a Missão?

O termo que melhor descreve a mentalidade de gerenciamento de todas as três empresas que liderei (Data Domain, ServiceNow e Snowflake) é *orientado para a missão.* Um senso de missão claro e convincente tem sido uma das chaves essenciais para nosso sucesso e crescimento consistentes. Vez após vez, nossas missões focadas nos ajudaram a perseguir incansavelmente a promessa e o potencial de cada empresa. Ser orientado por uma missão ajudou nosso pessoal a ficar motivado, focado, impaciente e apaixonado — talvez até um pouco zeloso.

Estar em uma missão é uma experiência *visceral*, não meramente intelectual. Quando sua organização tem um propósito bem definido, você o sente até a alma. Você se sente energizado quando começa o dia de trabalho e se sente bem com qualquer progresso que tenha feito em relação à missão quando encerra o dia. Estar em uma missão desbloqueia o fator X: um intangível que pode elevar drasticamente o desempenho à medida que as pessoas se propõem a alcançar a excelência — juntas. Torna sua vida profissional não apenas mais produtiva, mas também mais divertida.

Por outro lado, você não está em uma missão se sente que passa a maior parte de seus dias realizando tarefas triviais, passando a responsabilidade para outras pessoas, lendo e encaminhando e-mails e tirando o seu da reta para não ter qualquer problema. Aparecer todos os dias em uma empresa do tipo "o bom já é bom o suficiente" é o oposto de diversão e energia. Apenas tentar passar cada dia é uma maneira deprimente de vivenciar uma carreira. E, se a maioria das pessoas em sua empresa se sente assim, a empresa está em grande perigo.

Eu não inventei o termo *orientado para a missão*, é claro. Na minha ingenuidade, costumava pensar que a importância de ter uma missão era evidente. É claro que toda empresa deve saber exatamente por que existe e o que está tentando realizar, e é claro que deve comunicar esse propósito claramente a todos. Quem pensaria em argumentar o contrário? Talvez um propósito claro fosse comum algumas décadas atrás, mas hoje em dia vejo mais e mais empresas que estão confusas, se não irremediavelmente caóticas, sobre por que elas existem. A clareza da missão que costumava ser a norma agora se tornou mais uma exceção — o que dá aos líderes que a entendem uma vantagem competitiva.

Agora vamos ver os três critérios para uma grande missão: ser grande, clara e não relacionada a dinheiro.

Uma Ótima Missão É Grande (Mas Não Impossível!)

A missão atual da Snowflake é mobilizar os dados do mundo construindo a maior plataforma de dados e aplicativos do mundo, não apenas da era da nuvem, mas da história da computação. Essa é uma visão extremamente ambiciosa! Ela excede massivamente em escala e escopo o que qualquer empresa tentou fazer neste espaço. Não vamos simplesmente caminhar em direção a esse objetivo, porque o mundo não nos deixará. Mas, quanto mais determinados e focados formos como grupo, maiores serão as chances de alcançarmos esse status. É praticamente impossível.

Na Data Domain, nossa missão era eliminar a automação de fita como uma plataforma de backup e recuperação de dados e substituí-la por redes e discos ultraeficientes e de alta velocidade. Nosso mantra era "Fita não presta" — estávamos assumindo o status quo de toda a indústria. Essa foi outra visão extremamente ambiciosa, e finalmente a alcançamos. O backup e a recuperação se tornaram um processo totalmente digital e automatizado em todo o setor, o que ajudou a todos, exceto as empresas de automação de fitas que não evoluíram com o tempo.

A ServiceNow pretende se tornar o novo padrão global para serviços de TI e gerenciamento de operações. Vimos que a geração anterior de produtos de gerenciamento de suporte técnico era quase universalmente odiada pelo pessoal de TI. Eles eram rígidos e tecnicamente pesados. As equipes de TI raramente atualizavam seus sistemas porque era muito demorado, caro, arriscado e de benefício marginal. Estabelecemos um objetivo imenso de tornar a vida melhor para cada pessoa de TI no país, se não no mundo. Hoje, às vezes, parece que absolutamente todo mundo nesse espaço está usando o ServiceNow.

Uma Ótima Missão É Clara

Quanto mais definida e intensa for a missão, mais fácil será para todos se concentrarem nela. Quando surgem questões e tópicos não relacionados à missão, as pessoas naturalmente lhes dão menos atenção do que deveriam. Uma ótima missão ajuda a evitar distrações que diluem o foco de todos. Em todas as empresas que conheci, as distrações são uma grande ameaça. Elas muitas vezes se tornam uma importante fonte de comportamento autodestrutivo.

Restringir continuamente a abertura da missão é fundamental, porque as empresas têm uma tendência natural de perder o foco ao longo do tempo. É incrivelmente fácil para os gerentes reagirem a cada título que cruza sua caixa de entrada de e-mail, Slack ou feeds de mídia social. Se dedicar seu tempo e sua atenção a todo objeto brilhante que ver, independentemente de quão pouco tenha a ver com sua missão, você estará se movendo em direção a problemas. As distrações inevitavelmente surgirão todos os dias e precisam ser combatidas incansavelmente.

A história militar nos mostra o poder de uma missão bem definida. Durante a Segunda Guerra Mundial, os EUA tinham uma missão extremamente clara: impedir que os ditadores fascistas dominassem o mundo. Da mesma forma, quando o Seal Team Six da Marinha foi despachado para o Paquistão a fim de eliminar o mentor terrorista Osama Bin Laden, nas profundezas do território hostil, a missão ousada que tinham e um propósito claro levaram a um plano detalhado e bem ensaiado, informado pela inteligência em solo. A missão foi bem-sucedida sem qualquer perda de vida do lado norte-americano.

Porém é mais fácil falar sobre definir uma missão com clareza do que de fato fazer isso. Nas décadas que se seguiram à Segunda Guerra Mundial, os Estados Unidos se envolveram em várias guerras ambíguas com definições de sucesso mal concebidas — principalmente no Vietnã, mas também no Iraque e no Afeganistão. É difícil esquecer o ex-presidente George W. Bush declarando "Missão cumprida" no convés de voo do porta-aviões USS Abraham Lincoln em 1º de maio de 2003, após a fase inicial vitoriosa da guerra do Iraque. Tragicamente, essa guerra estava apenas começando, porque a deposição de Saddam Hussein deixou a questão não resolvida de quem, a partir dali, estaria no comando do Iraque e quem impediria suas facções internas de lutarem entre si. Centenas de milhares de vidas e trilhões de dólares foram desperdiçados porque invadimos o Iraque sem uma missão clara e bem planejada.

Para um exemplo mais recente, lembre-se de que, quando a pandemia do coronavírus atingiu os EUA pela primeira vez, os lockdowns foram descritos como uma estratégia de curto prazo para impedir que o contágio sobrecarregasse nosso sistema de saúde. Mas, em pouco tempo, os lockdowns se tornaram o método designado para controlar a pandemia indefinidamente, se arrastando em muitos estados por mais de um ano. As respostas à pandemia começaram a parecer uma abordagem política de "resolver à medida que avançamos", completamente desvinculada de qualquer missão clara.

As pessoas usam o termo *fluência da missão* quando o propósito declarado de uma organização continua mudando e/ou sendo redefinido. Devemos mostrar vigilância constante contra o risco de fluência da missão.

Uma Ótima Missão *Não Está* Relacionada a Dinheiro

É essencial deixar claro para todos que o propósito de sua organização *não* é exceder as expectativas trimestrais de Wall Street ou outras metas financeiras. Esses são marcos ao longo do caminho para sua verdadeira missão. Não que haja algo de errado com métricas financeiras ou mostrar progresso para investidores e acionistas. Eu levo essas metas muito a sério, mas elas nunca são nossa missão. Todas nossas empresas tinham um verdadeiro propósito de trazer coisas boas para o mundo e melhorar a vida de nossos clientes e colaboradores. Nossos produtos inovadores mudaram o status quo.

A Data Domain mudou a dependência do setor de TI da automação em fitas, o padrão para backup e recuperação de sistemas desde o início da computação. Nossa plataforma baseada em disco e rede era mais rápida, apresentava a certeza de uma recuperação bem-sucedida e era economicamente superior. Os trabalhos e as funções associados ao backup em fita eram miseráveis, por isso ninguém sentia saudade da tecnologia antiga. As pessoas costumavam passar a noite toda ou todo o fim de semana cuidando desses backups e recuperações. Os backups em fita são frágeis, muitas vezes falham, e tudo o que é necessário para o desastre é uma fita ruim na sequência. Costumávamos brincar que o backup em fita era muito bom, desde que você nunca precisasse recuperar dados dele.

Na ServiceNow, nossa missão era nos tornarmos o "planejamento de recursos corporativos para TI" e, posteriormente, uma plataforma global de fluxo de trabalho de serviços de negócios para todos os domínios de serviço. O ServiceNow se tornou um produto imensamente popular entre as equipes de TI porque era muito acessível por meros mortais e facilmente modificado conforme a necessidade surgia. Vencemos porque o pessoal de TI o adotou como o "seu" sistema.

A Snowflake se propôs a reinventar os fundamentos do processamento de big data, que anteriormente ocorria em plataformas especializadas de armazenamento de dados, bem como plataformas de gerenciamento de banco de dados geral de grande escala de empresas como Oracle e Microsoft. As cargas de trabalho normalmente eram executadas muito mais rapidamente com a tecnologia Snowflake, uma experiência alucinante para muitos de nossos clientes. As pessoas finalmente viram o verdadeiro poder da computação em nuvem em ação. Desenvolvemos um seguimento instantâneo como um divisor de águas, que continua até hoje. Nossa nuvem de dados, uma plataforma de dados em nuvem ambiciosa e nunca feita antes, está transformando indústrias e carreiras inteiras.

Entre as três empresas, criamos centenas de bilhões de dólares em valor de mercado. Conforme observado anteriormente, a Data Domain consumiu um capital líquido de US$28 milhões e foi adquirida pela EMC por US$2,4 bilhões anos depois, em 2009. A ServiceNow foi inicializada com US$6,5 milhões de capital, e agora está avaliada bem acima de US$100 bilhões. A Snowflake tinha mais de US$5 bilhões em seu balanço patrimonial pós-IPO, e agora tem uma capitalização de mercado superior a US$75 bilhões.

Os críticos podem dizer que a maior parte dessa criação de valor vai para investidores e executivos, mas essa não é toda a história. Investidores e executivos assumem grandes riscos em startups que precisam ser recompensadas quando uma empresa é bem-sucedida. Mas a maioria de nossa equipe também participa significativamente da criação de valor. Mesmo alocações modestas de ações podem levar a ganhos que mudam a vida dos funcionários, que podem ser aplicados na compra de casas, na educação de seus filhos, no cuidado de seus entes queridos e na garantia de suas aposentadorias. Essa percepção nunca esteve longe de minha mente: nosso pessoal estava contando comigo porque o destino da empresa poderia ter um efeito profundo em seu futuro.

Às vezes eu dizia em reuniões gerais que estava pessoalmente comprometido em ajudar cada um de nossos funcionários a alcançar uma posição diferente na vida em função do destino da empresa. Em troca, eu estava pedindo o melhor que tinham para oferecer. Esse era o acordo: fazemos o melhor que podemos um pelo outro. As pessoas às vezes me lançavam um olhar incrédulo: um CEO que está dizendo que seu objetivo é elevar nossas fortunas? Sério isso? Sim, e nossas empresas provaram isso. Algumas vezes, anos depois de um funcionário ter se mudado, eu ainda recebia um e-mail expressando sua gratidão pelo quanto nossa empresa havia transformado a trajetória de sua vida.

Como Nutrir a Missão

Uma vez que tenha sua missão definida, como fazer com que todos a abracem e a tornem real? As quatro chaves são: aplicar foco, urgência, execução e estratégia

Se as pessoas não *focam* a missão, elas não estão realmente em uma missão. Concentramos nossos recursos e nossas capacidades na missão e evitamos distrações. Isso exige disciplina. Distrações que podem comprometer a missão estão por toda parte, e muitas vezes parecem bem-intencionadas, honrosas e valiosas. Por exemplo, espera-se agora que as empresas agradem a qualquer um dos chamados stakeholders, ao mesmo tempo em que lidam com problemas sociais, como mudanças climáticas e injustiça social. Mas, uma vez que você é derrubado por objetivos externos, é difícil voltar à missão principal na qual deveria se concentrar.

A missão também deve ser tratada com *urgência*. Há um ditado em vendas que diz que "o tempo mata todos os negócios". O tempo não é nosso amigo. O tempo introduz riscos, como novos concorrentes. Quanto mais rápido nos separarmos da concorrência, maior é a probabilidade de ter sucesso. A urgência é uma mentalidade que pode ser aprendida, se não vier até você naturalmente.

Você pode abraçar o desconforto que vem ao se mover mais rapidamente, em vez de evitá-lo. Mais vitalidade em nosso passo energiza a cultura do local de trabalho, fazendo com que tudo pareça mais leve, rápido e fácil. Quando todos na equipe abraçam a urgência, todos nos movemos em um ritmo semelhante, sem sermos retardados por distrações.

Temos que *executar* nossa missão por meio de um conjunto de atividades organizadas, orquestradas e com recursos à sua disposição. Não temos chance de realizá-la sem um impulso para execução de primeira classe, que inclui altos padrões e uso eficiente de recursos. Por exemplo, alguns meses após o Dia D, os britânicos tentaram vencer a Segunda Guerra Mundial lançando a maior operação aérea da história, para tomar a cidade de Arnhem, na Holanda, e quatro pontes sobre os principais rios que levam a ela. Eles falharam devido à má execução, com ainda mais perda de vidas do que a invasão da Normandia em junho anterior. Falhas de inteligência foram as culpadas, mas a missão foi montada em menos de dez dias — pouco tempo para uma missão tão arriscada e em uma escala enorme.

Por fim, a missão deve ser mantida em mente quando elaboramos a *estratégia* que executamos. As estratégias não mudam no dia a dia, apenas quando há uma maneira comprovadamente melhor de fazer as coisas ou se algo não está funcionando, não relacionado à falha de execução. Todos precisam se sentir confiantes de que a estratégia está alinhada com os objetivos da missão. Voltando à Segunda Guerra Mundial, uma das razões pelas quais a invasão da Normandia funcionou foi pela estratégia brilhante: ataques simultâneos pela água e pelo ar, abrindo cinco cabeças de praia diferentes, das quais apenas uma era fortemente defendida pelos alemães. O inimigo foi pego de surpresa, o que deu aos Aliados uma chance de lutar para executar sua estratégia e cumprir sua missão.

Vivendo a Missão Todos os Dias

À medida que passo a semana, filtro continuamente o que quer que apareça através das lentes da missão da Snowflake. Isto nos ajudará a chegar à nuvem de dados mais rapidamente? O que mais podemos fazer para nos aproximarmos da missão e chegarmos lá mais rápido? Até que a missão seja cumprida, nunca estarei satisfeito de forma plena com o status quo.

Não é fácil viver com a angústia constante de que talvez não estejamos fazendo o suficiente. Seria mais divertido dar voltas olímpicas e dar tapinhas nas costas de todos constantemente. Mas, no final, estaremos todos melhor por causa de nossa postura intensamente vigilante em relação à nossa missão. Não vamos descansar sobre os louros. A competição está ficando mais agressiva a cada dia, então não é hora de relaxar nosso foco.

Muitas empresas afirmam ser orientadas para a missão porque isso soa nobre. Mas, como acontece com outros clichês de gerenciamento, como "cultura de desempenho" e "centrado no cliente", falar é muito mais fácil do que fazer. Não ouça o que os líderes dizem — observe o que eles fazem. A missão não é apenas o que você acredita, é como você toma decisões todos os dias sobre seu tempo, seu esforço e seus recursos. Trata-se de cumprir suas promessas mais importantes, não ficar fazendo média. Trata-se de fazer escolhas durante cada reunião e cada interação. Trabalhar em direção à sua missão, dia após dia, certamente valerá a pena.

A Snowflake contratou cerca de oitocentos novos colaboradores em 2020, e continuamos a crescer rapidamente. Novas pessoas não podem deixar de trazer um pouco de sua antiga cultura de onde vieram. Muitas empresas por aí não são como nós e têm uma abordagem muito mais casual de sua missão. Mas, no que diz respeito à Snowflake, isso não é negociável: esperamos que todos abracem a missão Snowflake com tudo o que têm. Esta empresa está contando 100% com nosso pessoal. Todos puxando para o mesmo lado, em todos os momentos.

4

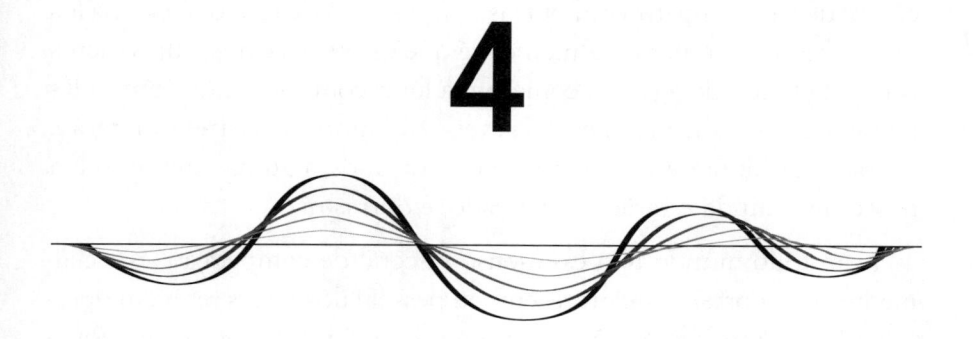

Declare Guerra aos Seus Concorrentes e ao Incrementalismo

A Guerra Contra Seus Concorrentes

Não é exagero dizer que negócios são guerra. Ou você já tem um território e tem que defendê-lo contra todos os outros, ou então tem que invadir o território de alguém e tomá-lo. Jogamos na defesa e no ataque ao mesmo tempo. De qualquer forma, o conflito é inevitável. Somente o governo pode imprimir dinheiro; o resto de nós tem que tomá-lo de outra pessoa. Eu adoro um acordo ganha-ganha tanto quanto qualquer outra pessoa, mas é muito mais comum que os negócios estejam próximos de um jogo de soma zero.

Parte de sua responsabilidade como líder é deixar isso claro para seu pessoal. Na sociedade civilizada de hoje, muitos resistirão à metáfora da guerra. A vida já é desagradável demais; não podemos ser mais civilizados ao competir com outras empresas? Você terá que ensiná-los que o jogo não começa realmente até que os outros caras, cujos lucros você está tentando agarrar, comecem a lutar com tudo o que têm. Eles não são nossos concorrentes amigáveis. No mínimo, narizes sangrarão. Na pior das hipóteses, em alguns meses ou anos, algumas empresas em nosso setor ainda estarão no mercado, e outras não.

Nem todo mundo tem esse senso visceral de competição, especialmente em empresas que protegem seu pessoal dos riscos reais em questão. Quando os líderes não explicam o cenário do setor, os funcionários não sentem a dura mão da competição. Seus empregos e salários parecem seguros, mas isso é uma ilusão. Bons líderes explicam que nenhum de nós está realmente seguro em nossas funções por qualquer período de tempo. Se esse fato deixa as pessoas desconfortáveis, isso é bom. Você precisa se sentir confortável em se sentir desconfortável porque a única alternativa é o negacionismo.

Na Data Domain, competir com a EMC significava competir com o gratuito, o que é sempre extremamente difícil. O que cobrávamos, porque tínhamos apenas um produto, eles incluíam gratuitamente com seus outros produtos e serviços. No mundo da tecnologia, nos referimos a essa prática como "bundling". Temos o hábito de dizer que "grátis não é grátis", porque os produtos precisam ser operados e gerenciados, o que obviamente custa dinheiro. Costumávamos dizer aos clientes em potencial: "Qual é o custo real de algo gratuito que não faz o trabalho corretamente? Você gostaria de ter um elefante grátis, se tivesse que alimentá-lo, abrigá-lo e limpá-lo?"

Na ServiceNow, nosso arquiconcorrente BMC nos processou por violação de propriedade intelectual. Eles não podiam competir no produto, então encontraram outras maneiras de causar danos. Acabamos com um acordo de centenas de milhões de dólares. Consideramos aquele como sendo um processo de araque, mas a verdade não importava; a questão era o que um advogado habilidoso poderia fazer um júri acreditar. O sistema legal será sempre explorado por aqueles que não podem competir por mérito. A legalidade de uma tática de negócios não importa; tudo se trata de como as pessoas podem se safar.

Na Snowflake, é comum que os fornecedores de nuvem pública comprem dívidas técnicas, o que significa que eles encontram maneiras de fazer com que as obrigações financeiras passadas desapareçam, de subsidiar pesadamente migrações de software caras gratuitamente e de fornecer todo tipo de coisas gratuitas e agrupadas. É como refinanciar sua hipoteca, só que de forma mais lucrativa. Eles não querem competir no produto porque isso colocaria todos em um patamar de igualdade, o que geraria um resultado altamente incerto. Em vez disso, eles usam sua formidável escala para esmagar a concorrência. Como uma empresa menor, temos que lutar com a superioridade do nosso produto e com patrocinadores dentro das contas — pessoas que realmente querem nosso produto e fazem a venda interna em nosso nome. Vemos instituições muito grandes escolherem a Snowflake porque a preferência dos gerentes de TI de base era muito forte, embora a política no nível corporativo fosse maciçamente contra nós. A política estava enraizada em relacionamentos passados, mas também no que é chamado de balança comercial. Se um fornecedor também for um grande comprador dos produtos e serviços do cliente, ele usará isso para inclinar a balança. Pouquíssimas coisas estão proibidas na batalha pelo cliente. Os executivos têm medo de enfiar um fornecedor goela abaixo de seus funcionários porque eles podem simplesmente passar para uma empresa que lhes permita trabalhar com seus produtos preferidos.

Vemos essa abordagem competitiva até mesmo em contas existentes na Snowflake, compramos tudo sob contrato conosco, financiamos a migração e fornecemos todo tipo de pacotes e créditos de computação gratuitos que podem ser aplicados à execução da carga de trabalho. (Os agentes antitruste ficam chateados se você cobrar demais dos clientes, mas eles não se importam com a doação de coisas, mesmo que sua intenção seja tirar a concorrência do mercado.) Não se trata apenas de ganhar negócios, mas também de infligir o máximo embaraço público a nós. Se pegarem uma de nossas contas-chave dessa maneira, eles a exibirão por toda a empresa. Goste ou não, isso também faz parte da guerra contra seus concorrentes.

Em reuniões de vendas, às vezes eu fazia uma pergunta esclarecedora: "Qual é a nossa definição de vitória? Sun Tzu, em A *Arte da Guerra*, tinha uma resposta simples: 'Quebrar a vontade de lutar do inimigo.'" Isso se traduz em termos de negócios como persuadir alguns dos melhores talentos de sua concorrência a se juntarem à sua empresa. Quanto mais pessoas de alto desempenho abandonarem seus empregadores atuais para se juntarem a nós, mais estaremos ganhando. É um golpe duplo: não apenas nosso inimigo está perdendo alguns de seus melhores talentos, mas também tiramos sua força. A fuga de talentos é a melhor evidência de que a empresa está com sérios problemas e está perdendo a vontade de lutar.

A Guerra Contra o Incrementalismo

Outra tendência humana é abordar as coisas de forma incremental, com muita cautela. Parece mais seguro avançar aos poucos, em vez de dar saltos ousados. O incrementalismo trata de evitar riscos, construindo sobre o que já foi alcançado como uma base estável. Mas apenas tentar melhorias marginais no status quo traz seus próprios riscos.

Observe com que frequência os produtos de bens de consumo são comercializados como "novos e aprimorados". Isso é incrementalismo, basicamente dizendo aos clientes que é o mesmo produto que já conhecem e amam, mas ainda melhor. Em outras palavras, não se preocupe, não tiramos nada de você. As pessoas preferem a familiaridade do conhecido à incerteza do desconhecido. Essa é uma boa estratégia para marcas estabelecidas há muito tempo em categorias como cereais matinais ou creme dental. Também é bom para indústrias como a da aviação, na qual a mudança deve ocorrer muito lentamente porque existem vários obstáculos regulatórios para mudanças dramáticas.

Mas, na maioria das áreas, o incrementalismo é meramente falta de audácia e de ousadia. Talvez você não perca, mas também não vai ganhar. As empresas maiores e estabelecidas são mais propensas ao comportamento incremental porque os riscos não são recompensados, mas os erros são severamente punidos. Muitas dessas empresas acabam se matando aos poucos, por estagnação. É por isso que poucas empresas que estavam na Fortune 500 há apenas cinquenta anos ainda existem. Um organismo vivo como uma empresa precisa se reinventar o tempo todo, em vez de apenas consolidar e estender os ganhos passados.

Em vez de buscar um progresso incremental a partir do estado atual, tente pensar no estado futuro que deseja alcançar e, em seguida, trabalhe de trás para a frente até o presente. O que precisa acontecer para chegar lá? Esse exercício pode ser inspirador e motivador, à medida que você se orienta por sua visão de futuro. Não tente dirigir o navio olhando para sua esteira!

Eu vi como o incrementalismo pode sugar a força vital de pessoas e organizações. Em muitas reuniões internas, os gerentes articulam suas metas em termos do delta de onde estão hoje. "Queremos ter 30% mais clientes em dois anos." Isso soa seguro e respeitável, mas por que não 100% mais? Por que não 1.000%? Qual é o tamanho desse mercado? Você está planejando passar de 1% para 1,3% de participação? Em caso afirmativo, o que seria necessário para chegar a 5% ou 10% de participação?

Costumo perguntar aos CEOs sobre seu modelo de crescimento: quão rápido a empresa pode crescer se eles fizerem todos os esforços? O negócio pode começar a crescer e ficar assintótico em algum momento? Quando? Raramente eles pensam em seus limites externos de crescimento. Considerando como o crescimento é essencial para a avaliação de uma startup, você deveria pensar que todos os conselhos de administração fariam essas perguntas. No entanto, raramente o fazem, o que encoraja ainda mais uma mentalidade incremental.

Embora nossas empresas fossem de crescimento rápido, ainda sinto, em retrospectiva, que poderia ter feito mais para atingir metas ambiciosas. Nunca exagerei, mas com certeza exagerei. É tão fácil para qualquer líder, inclusive eu, recuar para metas aparentemente mais seguras e viáveis! Isso me lembra o famoso discurso de Theodore Roosevelt, "O Homem na Arena":

> O crédito pertence ao homem que encontra-se na arena, cuja face está manchada de poeira, suor e sangue; aquele que esforça-se bravamente; que erra, que se depara com um revés após o outro, pois não há esforço sem erros e falhas; aquele que esforça-se para lograr suas ações, que conhece grande entusiasmo, grandes devoções, que se entrega a uma causa nobre; que, no melhor dos casos, conhece no fim o triunfo da realização grandiosa, e quem, no pior dos casos, se falhar, ao menos falha ousando grandemente, para que seu lugar jamais seja com aquelas frias e tímidas almas que não conhecem vitória ou fracasso.

Por que o eBay não se tornou a Amazon? Por que a IBM não se tornou a Microsoft? Por que as empresas de táxi não inventaram o Uber? Por que o Hilton ou o Marriott não inventaram o Airbnb? Por que a Oracle não inventou a Snowflake? Por que a BMC não inventou a ServiceNow? Por que as empresas de automação de fitas não inventaram a Data Domain? Por que a Ford não inventou a Tesla? A resposta em todos esses exemplos, e em muitos outros, é o incrementalismo.

Ensine seu pessoal a conduzir o negócio até os limites de seu potencial. E daí se você não chegar lá? Pelo menos você foi com tudo! Não se contente com a mediocridade respeitável; procure explorar cada grama do potencial que lhe foi confiado. Se você quer ganhar muito, imagine um futuro radicalmente diferente que não esteja preso ao passado. É por isso que a inovação sempre parece vir dos lugares menos esperados. Eles não têm um passado com que se preocupar. Eles não têm nada a perder, nenhum navio para queimar atrás deles.

Integrando Essas Batalhas: Usando Metas Audaciosas para Superar Sua Concorrência

Todas nossas empresas foram desvios radicais do passado. No negócio de backup em disco da Data Domain, acabamos competindo com as chamadas "bibliotecas de fitas virtuais". Na verdade, não eram bibliotecas de fitas; eram matrizes que colocavam imagens de fita virtual em disco. A "fita" ainda era a unidade de gerenciamento, mesmo quando passamos de fitas físicas para discos. Por muito tempo, os clientes faziam backup em disco, mas ainda faziam uma fita física para ser armazenada externamente. Velhos hábitos custam a morrer, e os titulares lutam contra a maré para sobreviver. A Data Domain substituiu tudo isso pela replicação de rede, que acabou se tornando a norma. Uma grande meta, não uma meta incremental.

A ServiceNow entrou em um mercado contra empresas tradicionais cujos produtos eram impopulares, antigos e rígidos. Exigiu conhecimento profundo, especializado e raro para atualizar esses sistemas; fazer mudanças era muito difícil, muito caro, muito arriscado. A ServiceNow superou tudo isso: permitiu que pessoas de TI modestamente qualificadas gerenciassem, mantivessem e alterassem seus sistemas em tempo real, em geral, várias vezes ao dia, em vez de uma vez a cada dezoito meses. Essa mudança radical tornou nossa plataforma muito querida pelo pessoal de TI em todo o mundo. Sua arquitetura intuitiva, dinâmica e de alto nível se espalhou para outros domínios de serviço, que adotaram a ServiceNow com igual fervor.

A Snowflake também foi audaciosa desde o primeiro dia, reimaginando o gerenciamento de dados para computação em nuvem. Os fundadores estavam imersos em tecnologias tradicionais de banco de dados, mas estavam empenhados em repensar tudo o que pudessem. Eles foram movidos por um sentimento de insatisfação com as tecnologias de última geração, usando uma abordagem de "folha de papel em branco" para muitas questões de longa data. Operadores como Teradata, Netezza, Oracle e Microsoft vinham perdendo, de forma gradual, o benefício de cargas de trabalho analiticamente intensas e altamente dimensionadas. E, embora a nuvem pública não fosse nova, ela nunca havia sido explorada tanto para alto desempenho quanto para escala massiva, o que a Snowflake oferecia aos clientes.

Os resultados foram fascinantes, em geral, várias ordens de magnitude mais rápidos do que a concorrência, tanto para os maiores geradores de dados quanto para os menores e menos sofisticados usuários. Os fundadores também construíram o sistema para ser altamente autogerenciado e autoprovisionado, reduzindo os custos de manutenção para nossos clientes. Concorrentes de nuvem pública com arquiteturas legadas têm lutado para competir com recém-chegados como a Snowflake, que produziu resultados radicalmente diferentes.

Contanto que não haja novos desafiantes com novas ideias, é possível se sair bem com uma abordagem incremental. Mas, nos mercados livres, alguém está sempre pensando em mudanças dramáticas. É muito melhor fazer por si mesmo do que esperar que isso não aconteça.

Outra lição desses exemplos: atacar mercados que têm operadores fracos e impopulares é muito mais fácil do que perseguir titulares fortes e populares. Os clientes não se desfazem facilmente de produtos que fazem o trabalho para eles. Eles já têm muito com o que se preocupar. Você precisa de diferenciação massiva, não marginal, ou eles simplesmente o filtrarão como ruído. Os operadores zombaram da ServiceNow e nos ridicularizaram publicamente, em vez de fazer um balanço da situação. As pessoas preferem narrativas que as façam se sentir seguras, por mais distantes da realidade que essas narrativas possam estar. A honestidade intelectual é uma baixa acidental frequente nos negócios.

Lidere Seu Pessoal para Essas Batalhas

Os líderes precisam canalizar o estado de espírito da organização. Eles garantem que todos estejam conectados, falando sobre as mesmas coisas e sentindo a mesma sensação de desconforto e antecipação. Em empresas maiores com muitos funcionários, é fácil sair do alinhamento. Hordas de trabalhadores muitas vezes não têm noção real do que sua empresa está enfrentando. Não é culpa deles; significa que a alta administração distorceu o cenário e deixou a maioria de seu pessoal muito distante da ação real.

Mesmo as startups enfrentam esse problema à medida que evoluem. Uma equipe muito pequena e muito focada começa a adicionar uma pessoa aqui, outra ali, até que metade da equipe não entende mais o cenário competitivo. Em pouco tempo, há uma reorganização que move as pessoas para novos papéis, que costumávamos chamar de "mesmos macacos, árvores diferentes". Em vez de prever como as coisas devem ser em 12 a 24 meses, dada a taxa de crescimento projetada, as pessoas se acomodam no status quo, no modo de negócios usual. Esse é um grande risco, a menos que você, como líder, force todos a sair desse modo.

Faça uma avaliação não sentimental de quais recursos e funcionários você tem *versus* de quanto realmente precisa. Em geral, há mais desempenho e eficiência a serem obtidos de sua equipe existente, antes de você seguir o caminho de menor resistência — crescimento incremental e não planejado, levando à mediocridade e ao desperdício. Uma de suas maiores responsabilidades é parar essa atitude incremental imediatamente.

5

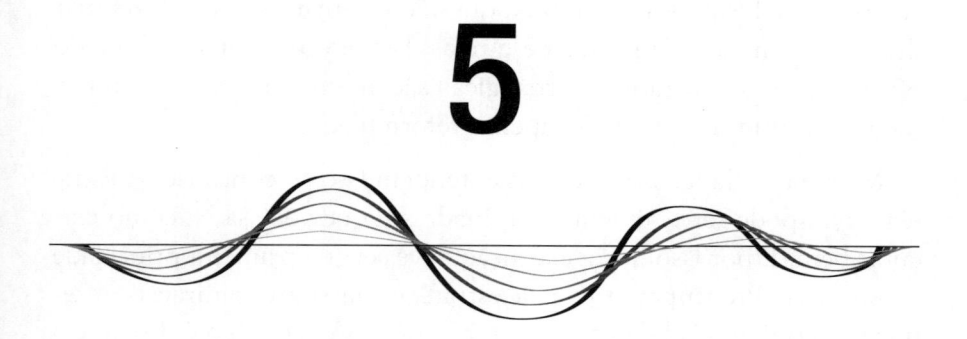

Coloque a Execução à Frente da Estratégia

Uma Ótima Execução É Mais Rara do que uma Ótima Estratégia

Há uma infinidade de artigos e livros sobre o tema estratégia de negócios, mas relativamente poucos sobre execução. Isso me parece notável, porque, na prática, é difícil separar estratégia de execução. Quando uma empresa está com dificuldades, como você sabe se o problema foi causado por uma estratégia falha ou uma má execução? Se não souber executar, todas as estratégias falharão, mesmo as mais promissoras. Como um de meus ex-chefes observou: "Nenhuma estratégia é melhor do que sua execução."

Ainda assim, a maioria das pessoas prefere discutir estratégia, em vez de execução. Talvez seja porque elas veem o primeiro como um assunto mais nobre e intelectualmente estimulante, e o último como chato e banal, simplesmente uma questão de sujar as mãos, trabalhar duro e checar itens em listas de tarefas. Isso é verdadeiro no Vale do Silício, onde as narrativas estratégicas são muito valorizadas, amplamente discutidas e, em geral, apenas reformuladas.

Mas, na verdade, essas pessoas entendem isso ao contrário. A estratégia não pode ser realmente dominada até que você saiba como executar bem. É por isso que a execução deve ser sua primeira prioridade como líder. Preocupar-se com a estratégia de sua organização antes que sua equipe seja boa em executar é inútil. A execução é difícil, e a boa execução é rara — o que a torna outra grande fonte de vantagem competitiva.

Na tecnologia, e também em outros setores, estamos transbordando de capital e ideias interessantes. O que nos falta são pessoas que se destacam em ir adiante com essas ideias e torná-las reais. Ao longo dos anos, estive envolvido em inúmeras buscas de executivos para diferentes empresas, o que me colocou cara a cara com a surpreendente escassez de talentos de execução. O Vale do Silício está repleto de grandes talentos de engenharia e pessoas que sabem como lançar novos produtos com equipes pequenas. Mas escalar e administrar uma organização disciplinada e madura é uma questão distinta.

Parte do problema é que existem inúmeros livros, vídeos e cursos sobre como ser um inovador, mas pouquíssimos sobre como executar. Onde a maioria dos fundadores de startups aprenderia, supondo que tivessem interesse no assunto? É por isso que muitas vezes observamos uma disfunção crescente à medida que as organizações crescem. Às vezes, eu comparo isso com crianças de 5 anos jogando futebol: uma multidão seguindo a bola pelo campo, sem ninguém realmente jogando nas posições.

Trate a Execução como uma Competência que Pode Ser Ensinada

É útil comparar a execução com as vendas. Ambas são componentes essenciais para o sucesso de qualquer empresa, mas apenas uma delas geralmente recebe um processo sistemático para treinar novos recrutas nas habilidades fundamentais de que precisam.

Costumava ser uma tradição para os aspirantes a vendedores procurar o primeiro emprego em uma grande organização que administrava uma academia de vendas bem elaborada, com semanas ou até meses, para novos recrutas. Empresas como IBM e Xerox costumavam ser ótimos lugares para iniciar uma carreira de vendas, em parte por causa de todo aquele treinamento gratuito.

Na Snowflake, oferecemos um plano de carreira claro e desenvolvimento profissional para a equipe de vendas. Colocamos universitários recém-formados para acompanhar os leads de entrada; seu objetivo é qualificar e marcar reuniões para nossos vendedores mais antigos. É um trabalho difícil ficar no telefone o dia todo, falar com estranhos e tentar marcar reuniões, mas isso lhes dá uma base sólida para suas habilidades de vendas. Em seguida, um representante de desenvolvimento de negócios é promovido a vender para empresas e instituições menores. Representantes talentosos podem, então, se graduar para vendas corporativas completas. Essas são funções de vendas de elite, altamente remuneradas quando bem feitas. O último passo ascendente é para nossa equipe chamada Majors, na qual gerentes de contas dedicados cuidam de nossas duzentas maiores contas.

A ideia é levar pessoas de uma posição relativamente inexperiente na vida em uma jornada para se tornarem profissionais de elite em seu campo. Ter a perspectiva de progredir na hierarquia é um ponto de venda para atrair os melhores, mais brilhantes e mais ambiciosos. Seu trabalho de nível básico não é apenas um trabalho; é o primeiro passo em uma trajetória de carreira claramente definida.

Mas há menos caminhos que preparam sistematicamente os jovens para funções de gestão geral, em que a execução é o nome do jogo. E a maioria das pessoas hoje em dia que aspira a ser fundador de startups ou CEO corporativo não está ansiosa para esperar por treinamento. Elas querem entrar de cabeça, descobrindo as coisas na hora. Só resta a elas esperar não causar muito dano antes de realmente saberem o que estão fazendo.

Os novos recrutas também veem seus colegas com mais idade assumindo cargos de responsabilidade cada vez mais jovens hoje em dia. Não é incomum agora ver CEOs com 30 e poucos anos. Trabalhei com muitos desses arrivistas em uma função consultiva. Eles são inteligentes, ambiciosos, trabalhadores e motivados — mas muitos simplesmente nunca tiveram a chance de observar uma excelente execução ou uma oportunidade de cometer erros úteis e educacionais. Uma de minhas observações favoritas é que "o bom julgamento vem do mau julgamento". A experiência pode ser superestimada por alguns, mas é difícil encontrar um substituto para ela.

Novos gerentes precisam aprender com e por meio de sua cadeia de gestão. Quando promovemos gerentes inexperientes para cargos seniores, o caos se instala. Torna-se o cego guiando o cego. As organizações não podem escalar e amadurecer em torno de uma equipe de gerenciamento inexperiente.

Na Data Domain, construímos e vendemos uma aplicação, que era uma solução de hardware e software totalmente integrada. Mas éramos todos caras de software com experiência limitada em hardware. Lutamos de várias maneiras por anos até que finalmente alcançamos a liderança correta na fabricação por contrato para nos tirar de uma sequência interminável de problemas de confiabilidade.

Quando me juntei a ServiceNow, a organização era bastante imatura em termos de execução de gerenciamento. A única maneira que eu sabia como resolver isso era de cima para baixo, não de baixo para cima, e foi o que fizemos. Também enfrentamos graves problemas de confiabilidade de serviço porque não tínhamos maturidade de gerenciamento em construir e gerenciar infraestrutura em nuvem. Tinha que ser resolvido de cima para baixo, o que acabamos fazendo.

Juntando-se a Snowflake, a empresa tinha capacidade superlativa em inovação por meio de seus fundadores, mas faltava a capacidade de escalar e amadurecer. Resolvemos isso contratando exatamente essa habilidade e experiência em uma nova liderança. Você precisa de inovação e disciplina, ou o lugar simplesmente implodirá sobre si mesmo. O erro comum é confiar em nossos inovadores para também fornecer disciplina. Essas coisas raramente, ou até nunca, andam de mãos dadas.

Entendendo Corretamente a Estratégia

Embora seja badalada demais, a estratégia obviamente importa muito. Você precisa descobrir quais são todas as abordagens alternativas e tomar decisões difíceis sobre por que algumas fazem mais sentido do que outras. Esse exercício por si só vale seu tempo e esforço, pois expande o escopo das discussões de sua equipe de liderança.

O problema com o desenvolvimento de estratégia é que, muitas vezes, ele é reflexivo, baseado em experiências anteriores e combinação de padrões em outras empresas. Tirar conclusões precipitadas sem amplo raciocínio, exploração e discussão pode ter consequências devastadoras. Também é de vital importância — mas muito difícil — manter sua honestidade intelectual. Você pode ver as coisas como realmente são e apreciar por completo o que está acontecendo? A natureza humana tem uma forte tendência a racionalizar as situações para nos convencer de que não são necessárias mudanças significativas. A realidade pode nos abalar, deixando-nos nervosos e desconfortáveis. Para lidar com o estresse, nos convencemos a fazer uma interpretação menos contundente. É por isso que o pensamento de grupo e o viés de confirmação são comuns e incrivelmente perigosos para o bem-estar da empresa. É papel da liderança manter uma cultura de honestidade brutal.

Já vi esse fenômeno repetidamente nas empresas muito maiores com as quais competi. Elas geralmente falhavam em avaliar com precisão a ameaça que representávamos para elas, então não começavam a se mobilizar contra nós até que fosse tarde demais. Por exemplo, a EMC, em seu desejo de combater a Data Domain, continuou comprando empresas e revendendo os produtos de nossos concorrentes para neutralizar a Data Domain em suas contas. Por fim, a EMC foi forçada a assumir um controle não solicitado ou a arriscar que a Data Domain acabasse nas mãos de uma entidade muito mais formidável do que éramos na época. Eles acabaram gastando bilhões de dólares para combater a ameaça, porque demoraram a reconhecer plenamente o significado disso. Felizmente para a EMC, não era tarde demais, era apenas caro.

Na ServiceNow, um de nossos grandes concorrentes era a BMC, cujo CEO foi citado uma vez dizendo que eles poderiam "pegar alguns programadores Java e fazer o que a ServiceNow faz em uma tarde de sábado". Sua negação do apelo da ServiceNow levou a consequências desastrosas. Já é difícil competir contra um oponente considerável, mas é impossível se você nem consegue reconhecer sua maior ameaça. A ServiceNow se tornou a segunda empresa na história a ultrapassar US$1 bilhão em receitas de software como serviço, enquanto a BMC foi privatizada por uma empresa de capital privado.

Os concorrentes da Snowflake, da mesma forma, nos trataram por um longo tempo como um arrivista bonitinho, fofinho e pequeno, não uma ameaça séria. Acabamos liderando um setor, enquanto algumas das maiores empresas do mundo, depois de finalmente reconhecer o que poderíamos fazer, correram para recuperar o atraso tentando copiar nossas ofertas.

Trate cada estratégia com cautela e tome cuidado para evitar se apegar intelectual ou emocionalmente à sua estratégia preferida. Você pode estar terrivelmente errado e precisa se livrar disso. Como Scott McNealy disse, "falhe rápido" — quanto mais cedo melhor. Às vezes usamos a expressão "esse cachorro não vai caçar" — não em referência a uma pessoa, mas a uma abordagem estratégica que simplesmente não está funcionando, não importa o que façamos. É difícil dizer isso se você está irracionalmente ligado a uma estratégia.

Problemas de Estratégia *versus* Problemas de Execução

No Vale do Silício, muitas vezes vemos startups lutando para aproveitar ao máximo as oportunidades de receita e ganhar impulso. Normalmente, a conclusão é a de que o VP de vendas está com baixo desempenho e precisa ser trocado. Os parceiros quase nunca cogitam a possibilidade de que o problema seja o produto, não a execução das vendas.

Então, como você pode dizer se suas dificuldades são devido a uma estratégia falha ou execução fraca? Como você sabe se seus impulsos emocionais podem estar levando-o ao erro? Na minha experiência, a maioria dos deficits de vendas reflete um produto inadequado ou uma desconexão entre o produto e o mercado-alvo. Em outras palavras, o que está sendo oferecido não ressoa com o público-alvo. Um produto forte gerará velocidade de escape e encontrará seu mercado, mesmo com uma equipe de vendas medíocre. Mas mesmo uma grande equipe de vendas não pode consertar ou compensar os problemas do produto.

Existem limites reais para com o que os vendedores conseguem e não conseguem trabalhar. Da mesma forma, se seu produto exige uma execução de primeira classe em outros departamentos, você está com problemas, porque esse tipo de talento é escasso.

Sem uma execução forte, literalmente não há como saber se uma estratégia está falhando. Elimine a execução como fator potencial primeiro e depois passe para a avaliação da estratégia. Uma boa execução não pode salvar uma estratégia falha, mas o ajudará a decidir com maior rapidez se é hora de mudar sua estratégia.

Você Não Precisa Contratar Consultores ou Estrategistas

Muitos executivos, especialmente em grandes empresas, sentem-se inseguros em relação à estratégia e querem contratar consultores para esclarecer e conduzir esse aspecto do negócio. É assim que empresas como McKinsey e Bain fazem fortuna. Você pode contratá-las para organizar dados, gerar visualizações bonitas, escrever uma análise detalhada e fornecer uma articulação mais eloquente de sua estratégia do que você poderia fazer sozinho. Além disso, pode aumentar sua autoridade executiva nas reuniões do conselho se você apresentar uma estratégia desenvolvida por uma grande empresa de consultoria. Eles são peritos e especialistas e têm educação de elite, então é claro que podemos confiar neles, certo?

Você deve resistir a essa tentação lembrando-se de uma velha piada: "Consultores são pessoas que pegam seu relógio emprestado, dizem que horas são e depois ficam com o relógio." Em longo prazo, é muito melhor trabalhar em sua própria estratégia, sem a linguagem sofisticada e o belo conjunto de slides. Desenvolva confiança em sua própria autoridade, não naquela de outra pessoa. Grandes operadores vivem, respiram e são donos de suas estratégias.

Da mesma forma, em muitas grandes empresas, é comum ver funções de estratégia dedicadas, quase sempre em nível de vice-presidência. Essas pessoas são basicamente consultores internos porque não têm responsabilidade operacional. Essa alternativa é pelo menos mais barata do que terceirizar a estratégia para consultores caros, mas com a mesma desvantagem fundamental de separar a estratégia da execução. As pessoas que desenham o mapa ainda serão muito diferentes das que dirigem o carro, o que cria desalinhamento de incentivos. Os operadores não gostarão de simplesmente serem informados sobre qual é a estratégia.

A terceira opção é a que sempre escolhi: os responsáveis por cada unidade de negócios também devem ser os estrategistas de seus negócios, e o diretor-presidente também deve atuar como diretor de estratégia. Confio mais nos executivos com estratégia do que nos chamados estrategistas, porque os executivos são informados pela dinâmica da vida real. Eles estão na linha de frente, são responsáveis pelos resultados e têm que conviver com suas escolhas. Em contraste, estrategistas puros (terceirizados ou internos) serão rápidos em culpar a execução, porque certamente não é sua estratégia que está falhando. Se você não pode confiar em um de seus executivos para definir a estratégia para sua esfera de responsabilidade, nem todos os consultores do mundo poderão resolver esse problema.

Você se tornará um estrategista melhor à medida que sua execução melhorar. Os problemas parecerão menos confusos, com menos possibilidades de explicações diferentes para os problemas. Mais clareza o levará a tomar melhores decisões, com menos suposições aleatórias.

A conclusão é a de que uma boa execução pode fazer uma estratégia moderadamente bem-sucedida ir longe, mas uma execução ruim falhará até mesmo na estratégia mais brilhante. É por isso que, em uma empresa amplificada, a execução é o que reina.

Parte 3

III

Alinhe Seu Pessoal e Sua Cultura

6

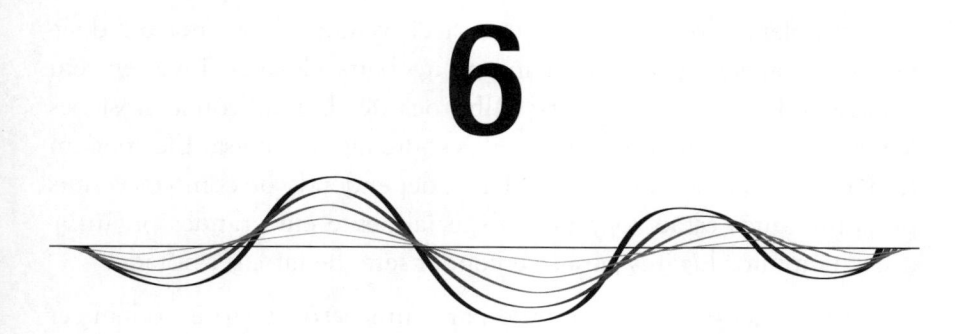

Contrate Motoristas, Não Passageiros, e Tire as Pessoas Erradas do Ônibus

Procuram-se Motoristas

Anos atrás, quando eu estava na Data Domain, adotamos uma meta de recrutamento na qual queríamos apenas motoristas, não passageiros. O slogan foi baseado em um comercial da Volkswagen da época: "Na estrada da vida há passageiros e há motoristas. Procuram-se motoristas."

Passageiros são pessoas que não se importam em apenas serem levadas pelo ímpeto da empresa, oferecendo pouca ou nenhuma contribuição, aparentemente não se importando muito com a direção escolhida pela administração. Eles, em geral, são agradáveis, se dão bem com todos, participam de reuniões prontamente e não costumam chamar atenção como encrenqueiros. Eles são, com frequência, aceitos no tecido da organização e permanecem lá por muitos anos.

O problema é que, embora os passageiros muitas vezes possam diagnosticar e articular um problema muito bem, eles não investem em resolvê-lo. Eles não fazem o trabalho pesado. Evitam tomar posições fortes sob o risco de estarem errados sobre alguma coisa. Eles podem tomar qualquer lado de um problema, dependendo de como os ventos predominantes estão soprando. Especialmente em grandes organizações, há muitos lugares para se esconder sem, de fato, ser notado.

Os passageiros são em grande parte um peso morto e podem ser uma ameaça insidiosa à sua cultura e ao seu desempenho. Eles inadvertidamente minam o que há de melhor na organização. Exaurem o instinto animal e o espírito que você precisa nos negócios para prosperar.

Os motoristas, por outro lado, obtêm satisfação fazendo as coisas acontecerem, não se escondendo. Eles sentem um forte senso de propriedade de seus projetos e equipes, e exigem altos padrões de si mesmos e dos outros. Eles exalam energia, urgência, ambição e até ousadia. Diante de um desafio, eles geralmente dizem "Por que não?", em vez de "Isto é impossível".

Essas qualidades tornam os motoristas extremamente valiosos. Encontrar, recrutar, recompensar e retê-los deve estar entre suas principais prioridades. Reconheça-os privada e publicamente, promova-os e eleve-os como exemplo do que os outros devem aspirar. Isso começará a acordar aqueles que estão apenas curtindo o passeio. Celebre as pessoas que são donas de suas responsabilidades, que assumem e defendem posições claras, defendem suas estratégias preferidas e procuram fazer as coisas acontecerem.

Fazendo a Distinção

Essa distinção entre motoristas e passageiros pode ser sutil de discernir, e aí reside um problema. Poucas pessoas são exclusivamente passageiros ou exclusivamente motoristas 100% do tempo. A maioria de nós encontra-se em algum lugar entre esses dois.

Sempre que trago essa noção de motoristas *versus* passageiros em uma reunião geral, dá para ver que isso deixa algumas pessoas desconfortáveis. Elas podem nunca ter considerado seriamente a questão de maneira objetiva e honesta. Em uma dessas reuniões, um engenheiro levantou a mão e perguntou inocentemente: "Como posso saber se sou motorista ou passageiro?" Dei uma resposta irreverente dizendo que era melhor ele descobrir isso antes de mim. O que foi bom para darmos algumas risadas, mas a mensagem subjacente era a de que precisamos pedir mais de nós mesmos para que a resposta se torne evidente. Se você não puder responder à pergunta de uma maneira extremamente positiva, é provável que tenha muito de passageiro.

Essa linha de pensamento tem outros benefícios. Os funcionários devem ser capazes de se olhar no espelho e ter certeza de que são importantes para a organização, que contribuem de maneira significativa, que sua ausência prejudicaria de forma expressiva seus resultados. Se puderem dizer essas coisas com honestidade, eles se sentirão muito mais seguros e confiantes em seu próprio valor. Isso também fará avançar suas carreiras em qualquer empresa que reconheça e recompense os motoristas.

As pessoas que percebem que são principalmente passageiros têm, sobretudo, duas opções. Elas podem tentar permanecer sem mudar seu padrão de comportamento, o que pode ser possível se trabalharem para uma dessas grandes empresas que passam décadas decaindo e declinando antes de, afinal, sair do negócio. Por outro lado, quando tal empresa está em dificuldades, os passageiros são os primeiros a serem lançados ao mar durante a chamada redução de força de trabalho (*Reduction in Force* – RIF, no inglês), mais conhecida como demissão em massa. Não é incomum ver organizações realmente se animarem depois de uma RIF, porque todos esses passageiros não são mais um peso morto.

A melhor opção para os passageiros, com certeza, é começar a mudar seus hábitos imitando os motoristas. Em longo prazo, esse é o único caminho para se ter segurança no emprego.

Tirando as Pessoas Erradas do Ônibus

Quando minha equipe principal ingressou na ServiceNow e, novamente, oito anos depois, quando ingressamos na Snowflake, sabíamos que encontraríamos problemas. Caso contrário, seus respectivos conselhos não teriam contratado um novo CEO. Em tais situações, em qualquer nível de uma empresa, a primeira tarefa é separar as pessoas valiosas do peso morto (incluindo, mas não exclusivamente, aquelas com atitude de passageiro). Então você tem que fazer o que Jim Collins descreveu em *Empresas Feitas para Vencer*: tirar as pessoas erradas do ônibus e colocar as pessoas certas no ônibus, nos assentos certos. Nessa ordem.

Cair de paraquedas em qualquer nova empresa ou unidade de negócios é difícil. Todo mundo está no limite, esperando para ver o que você fará. Mas você não pode deixar que a ansiedade deles o impeça de avaliar imediatamente seu pessoal. Não se renda à tentação de esperar para ver, aguardando que o tempo revele o verdadeiro valor de todos. Você precisa fazer as coisas acontecerem, não ficar parado e esperar pelo melhor. Você tem que examinar pessoas e situações com informações limitadas e imperfeitas — porque isso é tudo que você conseguirá. Na Snowflake, por exemplo, fizemos todas as mudanças de equipe que queríamos em apenas alguns meses. Eu posso não saber todos os detalhes sobre os indivíduos em questão, mas não foi difícil ver quais departamentos e funções estavam ficando aquém das expectativas.

Se não agir rapidamente para tirar as pessoas erradas do ônibus, você não tem como mudar a trajetória. Muitas vezes acreditamos, ingenuamente, que podemos liderar companheiros de equipe em dificuldades para um lugar melhor. E às vezes até podemos, mas esses casos são mais raros do que imaginamos. Em uma empresa em dificuldades, você precisa mudar as coisas rapidamente, o que só pode acontecer trocando as pessoas cujas habilidades não se encaixam mais na missão ou que talvez nunca tenham se encaixado.

A outra vantagem de se mover rápido é que todos que ficam no ônibus saberão que você leva a sério os padrões elevados. Os bons serão energizados por esses padrões. Se outros começarem a procurar por lugares menos exigentes porque não querem atender a esses padrões, tudo bem também. Eu sei que essa filosofia pode parecer dura, mas não fazer o trabalho para o qual foi contratado como líder é ainda mais difícil. Se você não consegue encontrar coragem para fazer as mudanças necessárias, está impedindo que todos os outros alcancem seu potencial plenamente.

Líderes que não agem logo descobrirão que sua liderança está em questão. Todo mundo está assistindo: não apenas o que você está fazendo, mas também o que você não está fazendo.

Puxando o Gatilho

Quando comecei a gerenciar pessoas, removê-las de seus cargos era considerado o último recurso. Simplesmente não era feito a menos que a situação fosse flagrante. Essa era a cultura calma e paternalista da época, quando a suposição geral era a de que qualquer pessoa poderia ser treinada para um melhor desempenho. Se alguém ainda estava lutando após o coaching, seu gerente muitas vezes enfrentava mais culpa do que o funcionário. Isso criou incentivos ruins para transferir as pessoas para outros departamentos ou para colocá-las em "planos de melhoria de desempenho" de longo prazo que continuavam empurrando o problema com a barriga. Uma profunda relutância em demitir alguém ainda é comum em muitas empresas.

Isso é especialmente verdade na Europa, onde os governos tornam mais caro desligar alguém, descarregando mais os custos do seguro-desemprego nas empresas. Essas pressões de custo dão aos gerentes um incentivo para não fazer mudanças. Mas, mesmo na Europa, os custos de não agir e continuar a presidir à mediocridade são muito piores do que os custos de consertar uma má contratação.

O eu mais jovem era muito tímido ao enfrentar essas situações. Aprendi com o tempo que eu era muito lento em puxar o gatilho, assim como muitos de meus colegas. Então comecei a me mover mais rápido para substituir pessoas que não eram adequadas para suas funções. E muitas vezes nem eram catastroficamente ruins, apenas piores do que o calibre de pessoas que sabíamos que poderíamos contratar para substituí-las. Esse processo de atualização sistemática do talento em cada função-chave é chamado de "topgrading", uma estratégia desenvolvida pelo especialista em contratação Brad Smart. Eu até disse aos meus conselhos que, se eles pudessem encontrar um CEO melhor do que eu, deveriam me substituir também. Justo é justo, e não posso esperar ser mantido em um padrão de desempenho mais baixo do que o de qualquer outra pessoa.

Encontrando as Pessoas Certas

É claro que tirar as pessoas erradas do ônibus é apenas metade do desafio. A outra metade é encontrar e recrutar as pessoas certas para os lugares certos, o que é muito mais difícil. Esse não é um processo que pode ser apressado. O custo de um tiro errado em tempo, dinheiro e reputação é enorme.

Espera-se que os líderes tenham redes bem desenvolvidas, capacidade de recrutar e olhar crítico aguçado para avaliar talentos. Aqui estão meus pensamentos para construir uma postura de forte talento.

Mantenha uma Postura de Recrutamento Ativa

É difícil manter uma postura de recrutamento ativa. Recrutamos para uma função, preenchemos a posição, riscamos isso do checklist e passamos para outros assuntos que exigem nossa atenção. Mas alguns de nossos contratados não dão certo, mudam de lugar ou saem, e então temos que começar tudo de novo. Essa é, muitas vezes, a razão pela qual toleramos um desempenho medíocre — porque é muito difícil refazer todo um esforço de recrutamento.

Muitas vezes, eu perguntava, ao viajar e conhecer os principais gerentes, o que faríamos se perdêssemos uma ou outra pessoa. A pergunta geralmente resultava em olhares vazios ou em dizer que ligariam para o RH a fim de pegar mais currículos. Em vez disso, queremos sempre ter uma lista de candidatos priorizados para cada função crítica. Candidatos que procuraríamos envolver conforme necessário. Começa com saber quem é quem na área, quão bem eles são vistos e manter o controle sobre seu status atual. O status está sempre mudando, é claro, por isso exige rastrear os candidatos ao longo do tempo, estar em contato com eles, ter algum tipo de relacionamento contínuo até chegar a hora de se envolver ativamente.

Às vezes, nos envolvemos independentemente da necessidade imediata, quando um candidato forte está, como dizemos, "dando sopa" e podemos considerar uma mudança dadas as circunstâncias certas. Você não pode esperar até ter uma necessidade aguda; essa é uma postura reativa. Se esperar que uma vaga seja aberta, você só pode contar com o suprimento atual, que pode ser bastante abaixo do ideal. Portanto, crie uma lista verificada e priorizada de possíveis candidatos para cada função crítica pela qual você é responsável. E faça isso parte de um check-in periódico sobre o tema: revise as listas de candidatos e seu status atualizado como parte da discussão sobre o desempenho e o status das pessoas que atualmente ocupam essas funções.

Não confie em táticas de suprimento agudas, como recrutadores e LinkedIn. Você verá apenas os candidatos a emprego ativos, que provavelmente não serão os candidatos que você realmente deseja. Em empresas de alto crescimento, funções e indivíduos podem ser facilmente superados, pois as necessidades em expansão da organização excedem sua capacidade. Então você deve sempre antecipar a necessidade de pessoal. O recrutamento nunca para.

Realize o que chamamos de sessões ativas de "calibração" em posições críticas em formato de grupo. Nessas sessões, executivos e gerentes apresentam avaliações de seus subordinados diretos e buscam feedback do grupo de pares fora de sua cadeia de comando. A ideia aqui é discernir se a avaliação do gerente da pessoa em questão é compartilhada, questionada ou totalmente contestada pela organização mais ampla. Essas sessões identificam a falta de congruência gerencial em questões de pessoal, se houver, mas também servem como catalisador para abordar lacunas de desempenho emergentes ou persistentes. Basicamente, elas criam clareza e ação imediata nas lacunas de talentos.

Em última análise, os líderes são tão bons quanto as pessoas de quem se cercam. Depois de se tornar bom em contratar e demitir, você estará no caminho certo para obter ótimos resultados e uma carreira próspera.

7

Construa uma Cultura Forte

A Cultura Importa Mais do que Você Pensa

Poucas palavras invocam mais variedade de significados do que *cultura*. O que significa no contexto de uma organização empresarial? Para nossos propósitos, define vagamente os padrões dominantes e persistentes de comportamentos, crenças, normas e valores de uma comunidade no local de trabalho. A cultura descreve como as pessoas se reúnem como um grupo no dia a dia. A sua é respeitosa, fluida, envolvente, construtiva, exigente, urgente, criativa? Ou é arrastada, política, conflituosa e cada um tira o seu da reta, evitando riscos? Os locais de trabalho são capazes de tudo isso e muito mais.

A cultura importa mais do que você pensa e não é algo opcional. Uma cultura forte pode ajudar muito as organizações e se tornarem uma fonte duradoura de vantagem competitiva. Mas uma cultura fraca pode facilmente destruir as organizações a partir de seu interior.

Uma questão importante aqui é para qual meta você direciona sua cultura. Deixando de lado todos os chavões e princípios nobres, a cultura precisa servir à missão da empresa. Parece óbvio? Não é. A maioria das empresas busca fazer com que os funcionários se sintam bem, seguros e protegidos em suas funções. Elas estão buscando fortes *net promoter scores* (NPS) em suas pesquisas com funcionários. A administração está buscando elogios por seu estilo de liderança virtuoso. Embora não haja nada de errado com boas intenções, precisamos alinhar a cultura com a missão.

Empresas de alto crescimento não são lugares fáceis para se viver. A pressão é implacável. O desempenho é gerenciado de forma agressiva. Não há abrandamento. Eu vi funcionários partirem depois de um curto período de tempo porque a intensidade e o ritmo simplesmente não eram como queriam trabalhar. Cultura não é fazer as pessoas se sentirem bem em si, é capacitar a missão com os comportamentos e valores que servem a esse propósito. É improvável que uma cultura forte, eficaz e alinhada à missão agrade a todos.

A cultura precisa se tornar uma força coesiva na empresa. Precisamos de nosso melhor e mais brilhante para comprar de todo o coração a missão, bem como uma cultura que permita isso. As culturas classificam e peneiram as pessoas que compram a ideia e as que não. Tudo bem. Não existe uma solução que sirva igualmente para todos.

Goste ou não, sua empresa tem uma cultura, quer você se importe ou não com ela ou tente influenciá-la ativamente. As pessoas que você contrata trazem consigo elementos da cultura e influenciam a cultura em que entram, muitas vezes involuntariamente. É essencial que os líderes a agarrem e comecem a conduzi-la a um estado desejado. A cultura pode se tornar um multiplicador de força, mas isso não acontece apenas com boas intenções.

Quando pouco é feito para impulsionar uma cultura coesa e consistente em toda a organização, você acaba com uma amálgama de diferentes sistemas de valores entre funções e geografias. Personalidades dominantes darão o tom em subgrupos menores. Esse é o padrão em lugares com uma cultura fraca: muitos feudos que passam seus dias lutando mais entre si do que com a concorrência.

A cultura não pode esperar, porque ela é altamente persistente ao longo do tempo. Quanto mais cedo você começar depois de assumir a liderança, mais maleável será sua cultura. Em grandes empresas que existem há décadas, é quase impossível virar a maré. Novos líderes são trazidos, mas a cultura acaba derrotando seus esforços porque as pessoas se apegam a seus velhos e familiares padrões.

Por outro lado, a cultura pode se tornar um formidável impulsionador de desempenho e diferenciação. Muitas organizações bem-sucedidas apontam, com razão, sua cultura como a principal fonte desse sucesso. Muitas vezes, é o único diferenciador que os outros não podem copiar. Seus concorrentes podem obter acesso ao capital, contratar seu talento e roubar suas ideias, mas quase certamente não podem replicar sua cultura.

A chave para conduzir uma cultura consistente não é apenas ter princípios e valores nobres. Muitos líderes parecem pensar que é fácil montar um comitê, concordar com um conjunto de valores, imprimir alguns cartazes, colocá-los em todos os lugares do escritório e, *voilà*, essa é a nossa cultura. O problema é que as pessoas não aprendem com os cartazes. Como crianças e animais de estimação, elas aprendem com as consequências e a falta delas. Se você deseja conduzir um conjunto mais consistente de comportamentos, normas e valores, precisa se concentrar em consequências consistentes e claramente definidas, dia após dia.

Quando você tiver isso acertado, as pessoas se sentirão protetoras da cultura e denunciarão os desvios, de igual para igual. Esse é o sinal de que uma cultura está realmente pulsando em sua organização.

Estabelecendo Valores Culturais na Data Domain

A vantagem que tínhamos na Data Domain era que havia apenas um pouco mais de vinte pessoas quando entrei, em 2003. É muito mais fácil adotar a cultura em uma pequena startup, antes de uma contratação em grande escala e a consequente importação de valores e comportamentos. Em uma pequena startup, tudo é tão experimental e formativo, que muito progresso pode ser feito rapidamente. De certa forma, você está lidando com uma tela praticamente em branco.

Quando chegamos, a Data Domain era basicamente limpa em termos de cultura, o que significa que havia poucos excessos de comportamento. Tínhamos um forte senso de propósito compartilhado, e os esforços e comportamentos geralmente estavam alinhados à missão da empresa.

Codificamos nossos valores desejados em um acrônimo para torná-los mais fáceis de comunicar e lembrar — R-E-C-I-P-E:

R = Respeito

E = Excelência

C = Cliente

I = Integridade

P = Performance

E = Execução

Respeito pode ser visto como mero senso comum, mas está longe de ser comum nas organizações. Não quisemos simplesmente ser corteses nas interações pessoais, embora isso seja certamente um sinal de respeito. Mais amplamente, trata-se de sempre se envolver com as pessoas de maneira genuína. Esteja interessado, seja receptivo e seja útil sempre que possível. Nunca ignore alguém que se aproxima de você de uma parte diferente da empresa. Não demore dias ou semanas para responder a um e-mail de um colega. O respeito também inclui a vigilância contra qualquer discriminação ou assédio por motivos de gênero, raça ou etnia. Esses casos eram raros, mas, quando aconteciam, nós os tratávamos com rapidez e severidade.

Excelência significa que estávamos todos tentando ser ótimos em tudo o que fazíamos, não eram mais apenas os engenheiros e os vendedores que estavam no centro das atenções. Se você fosse um profissional de RH ou um contador, ainda esperávamos que você internalizasse nossa busca pela excelência. Não é fácil; você tem que trabalhar em busca da excelência todos os dias. É fácil defender esse valor da boca para fora, mas é muito mais difícil que todos se mantenham em altos padrões e não deem um passo em direção à mediocridade.

Cliente é o centro de tudo. Muitas empresas sabem disso, mas você ficaria surpreso com quantas não sabem. É outra área que recebe muito destaque, mas as pessoas, em geral, não agem na importância dos clientes quando realmente importa. Sempre usei uma linguagem forte sobre nossos clientes: não deixamos nenhum para trás, nunca. Estamos com eles nas horas boas e nas ruins. Seus resultados são nossos resultados. Exortei nosso pessoal a se sentir empoderado para agir com força em nome dos clientes. Não apenas os grandes clientes estratégicos, mas todos eles. Sem exceções.

Estive em empresas que achavam que os funcionários deveriam ser a preocupação número um porque pensavam que funcionários bem tratados tratariam melhor os clientes. Por que sermos indiretos em relação a isso? Não temos motivos para existir sem nossos clientes.

Integridade significa que todas as partes interessadas podem acreditar no que dissemos e confiar em nossos compromissos, sem exceções. Temos que ser fiéis não apenas à nossa palavra, mas também ao espírito dela. Uma vez que isso não é mais absoluto, a coisa pode virar uma bola de neve. A confiança é a primeira vítima de violações de integridade que desencadeiam uma reação em cadeia de consequências negativas. A vida é muito mais fácil quando todas as partes interessadas acreditam que você está dizendo a verdade porque foi sincero em todos os momentos anteriormente.

Performance é algo que todos afirmam aspirar, mas poucos o fazem porque é difícil responsabilizar pessoas e funções e buscar resultados consistentemente superlativos. Confrontar a falta de desempenho nunca é divertido, mas deve ser feito em todos os níveis da organização — com base em dados e fatos, não em emoções negativas. A responsabilização é desconfortável porque todos nós vivemos com a ansiedade de não sermos bons o suficiente e de dizer aos outros que não são bons o suficiente. Mas, se você quer uma grande empresa, não pode dar mole para a mediocridade. Bom o suficiente nunca é bom o suficiente.

Execução, como valor, é um aceno para focar *menos* a estratégia e *mais* a execução. Como vimos em um capítulo anterior, isso não acontece no Vale do Silício, onde a estratégia é continuamente discutida, mas a execução geralmente é subvalorizada. Qualquer fraqueza na execução é muitas vezes tratada apenas como uma razão para revisitar a estratégia. Ensinamos a todos que é impossível saber quão boa é uma estratégia até que você saiba como executá-la.

Na Data Domain, vimos muitos de nossos concorrentes questionando sua estratégia e ajustando seus planos sem um bom motivo. Nós os deixamos para trás, pelo menos em parte, porque não fizemos isso. Trabalhamos com empenho, confiamos na nossa estratégia e focamos melhorar cada vez mais sua execução. É difícil vencer uma organização bem executada, mesmo que a estratégia não seja perfeita.

A Cultura na ServiceNow

Aplicamos tudo o que aprendemos sobre cultura na Data Domain à ServiceNow. Embora a abordagem RECIPE tenha funcionado para nós, não queríamos impô-la sumariamente a uma nova empresa sem um processo orgânico. Isso teria criado muito atrito com a equipe fundadora da ServiceNow, que já nos via como uma força invasora nos primeiros dias de nosso mandato.

O que sobreviveu foi uma cultura firme, centrada no cliente e de alto desempenho. A ServiceNow havia construído um produto excepcional e tinha seguidores leais entre seus clientes. Os clientes gostavam tanto da empresa quanto do produto; alguns de nossos clientes acabaram se juntando a nós como funcionários.

Quando comecei a impor uma cultura orientada para o desempenho, levou algum tempo para o pessoal se acostumar. A ServiceNow era uma empresa sediada em San Diego com um estilo de vida mais descontraído; quando cheguei lá, parecia mais o Colorado do que a Califórnia. A empresa tinha uma necessidade gritante de ampliar seu talento e sua cultura. Não tínhamos presença no Vale do Silício para explorar seu conjunto muito maior de talentos técnicos, então estabelecemos um. O escritório de San Diego sempre manteve sua identidade própria e única, mas progrediu consideravelmente no espectro de desempenho. Não era uma troca por uma única alternativa: eles não precisavam trocar sua cultura de San Diego para se tornar uma organização mais séria, focada e orientada para o desempenho. A ServiceNow teve um bom desempenho ao longo do tempo, o que ajudou a convencer a todos de que estávamos fazendo alguma coisa, e talvez muitas coisas, da maneira certa.

Revirando a Cultura na Snowflake

Na minha primeira semana na Snowflake, notei manifestações dos valores desejados da equipe de liderança anterior, incluindo cartazes na parede. Isso fez com que a empresa parecesse sincera, gentil e altiva. Mas a realidade estava, às vezes e em certos lugares e departamentos, em desacordo com esses valores. Em poucos dias, começamos a ver desvios gritantes de sua declaração de missão e de seus cartazes.

A cultura não acontece apenas por causa da declaração de um CEO ou porque a alta administração demonstra vontade de agir de acordo com os valores fundamentais. Isso acontece quando a maior parte da organização está disposta a defender e a promover esses valores e denunciar desvios no dia a dia. Isso não estava acontecendo muito na Snowflake quando chegamos. As pessoas se refugiaram em seus silos funcionais. E, apesar de notáveis exceções, a equipe de liderança não se dava bem.

Nas principais regiões de vendas, descobri subculturas problemáticas, o que levou a reclamações generalizadas em nossos canais do Slack, com pessoas falando de maneiras das quais se arrependeriam mais tarde.

Poucos em cargos de liderança em nosso escritório em San Mateo pareciam estar cientes de que isso estava acontecendo. As pessoas se escondem com suas opiniões e seus sentimentos. Obviamente, havia uma conscientização generalizada nas trincheiras, mas isso não chegou às pessoas que poderiam fazer algo a respeito daquilo.

Assim que começamos a ter um vislumbre disso, procuramos ex-funcionários — que não tinham nada a perder — para esclarecer o que haviam vivenciado. Funcionários ativos geralmente se recusavam a falar, com medo de que seus próprios líderes se voltassem contra eles.

Eles estavam agarrados a compensações complementares valiosas, as quais eles não comprometeriam criando problemas, enfrentando uma potencial demissão.

Os vendedores nas cidades e regiões falam o tempo todo, por todas as áreas da empresa. Todos eles trabalharam juntos uma vez ou outra. É por isso que os vendedores de fora da empresa estavam mais cientes da cultura desafiadora de vendas da Snowflake do que nossa própria gerência. Foi assim que tomei conhecimento dos problemas, por meio de alguns de nossos ex-funcionários da ServiceNow que ouviam o que se dizia por aí. Esse episódio foi lamentável para uma empresa que tinha expressado lindamente valores como integridade sempre, tornar uns aos outros melhores e abraçar as diferenças.

Pelo lado positivo, essa situação criou uma oportunidade para demonstrar as sérias consequências para com as violações flagrantes de nossos valores. Levou algum tempo para rastrear completamente todos os pontos problemáticos (que não estavam todos em um só lugar), mas os identificamos e tiramos os executivos de vendas que haviam cruzado o limite do comportamento aceitável.

Minha equipe sênior não sentiu necessidade de revisitar os valores declarados na Snowflake. Não havia nada de errado com as aspirações que a empresa havia elaborado antes de eu chegar. O problema era a variação entre os valores declarados e a cultura real. Você só obtém a cultura que deseja se buscar e aplicar ativamente essa conformidade.

Sua Responsabilidade de Proteger Sua Cultura

Surtos de má cultura podem acontecer em bolsões isolados de boas empresas.

A Snowflake era uma ótima empresa quando tivemos nossos problemas com aqueles gerentes de vendas que tinham um mau comportamento. Nesses casos, acredito que as pessoas deveriam ser removidas de suas funções muito mais rapidamente por mau comportamento interpessoal do que por mau desempenho nos negócios. Trabalharemos com as pessoas para melhorar seu desempenho que está abaixo do aceitável se seus valores e seu caráter estiverem claramente alinhados com a nossa cultura. Mas tratar mal colegas ou clientes é sinal de um problema muito mais profundo, não de um conjunto de habilidades inadequado que pode ser melhorado com treinamento.

As pessoas que optam por desconsiderar nossos valores estão destruindo o tecido da cultura, o que afeta a todos na organização. Mesmo aqueles que nunca interagiram com X ouvirão por meio de boatos que X é abusivo, inescrupuloso, desonesto ou qualquer que seja o problema. Se tal comportamento não for abordado — ou, pior ainda, se for recompensado com uma promoção por entregar bons resultados de negócios —, as pessoas em toda a empresa concluirão que os valores e os cartazes inspiradores são besteira. Todos saberão que a cultura *real* e *tácita* é "Faça o que quiser, contanto que atinja seus números".

Essa é a maior razão pela qual o comportamento flagrantemente ofensivo é motivo de demissão. Não apenas porque procuramos erradicá-lo e ajudar aqueles que sofreram com isso, mas também porque precisamos sinalizar a *todos os funcionários* o quão sérios somos. A cultura resulta de consequências, boas e más, bem como da falta delas. Se quer uma cultura forte, terá que tomar decisões difíceis para demitir pessoas em prol do bem maior. Não há como evitar esses casos.

Uma exceção é quando pessoas jovens e impressionáveis caem sob a influência de chefes que desrespeitam flagrantemente nossos valores. Não é inteiramente culpa delas se estavam apenas seguindo a liderança de seu chefe, então às vezes damos a elas a oportunidade de redefinir seu comportamento para o futuro. Essa clemência funcionou diversas vezes, e ficamos sempre de olho nessas situações.

Explicamos nossos padrões culturais para todos os novos funcionários assim que eles se juntam a nós, para que não possam dizer mais tarde que não foram avisados. Se eles quiserem trabalhar conosco, precisam levar nossos valores tão a sério quanto nós. Se eles não puderem concordar com isso, devem economizar muito tempo e frustração e ir para outro lugar.

Em muitas empresas, quando as coisas vão bem no geral, as pessoas se tornam mais tolerantes com o mau comportamento porque, bem, por que mexer com uma coisa boa? Ele é descartado como dores de crescimento, o subproduto inevitável do crescimento acelerado. Essa é uma armadilha fácil de cair, então você deve permanecer vigilante contra ela.

Ao avaliar sua própria cultura, faça a si mesmo algumas perguntas-chave. Quando você fala com os funcionários da linha de frente, eles parecem energizado, ou parece que todos estão nadando contra a correnteza? As pessoas têm clareza de propósito e senso de missão e de propriedade? Elas compartilham os mesmos grandes sonhos de onde a organização pode estar em alguns anos? A maioria das pessoas executa com urgência e vitalidade suas etapas? Elas buscam consistentemente altos padrões em projetos, produtos, talentos e tudo o mais?

Se você conseguir construir e proteger uma cultura forte, isso simultaneamente atrairá pessoas que a admiram e repelirá aquelas que a consideram de mau gosto. Esse é um recurso intencional, não um bug do sistema. O grau em que as pessoas abraçam sua cultura lhe dará um grande indicador de quem ajudará a organização a atingir seus objetivos e quem pode estar arrastando-a para baixo.

8

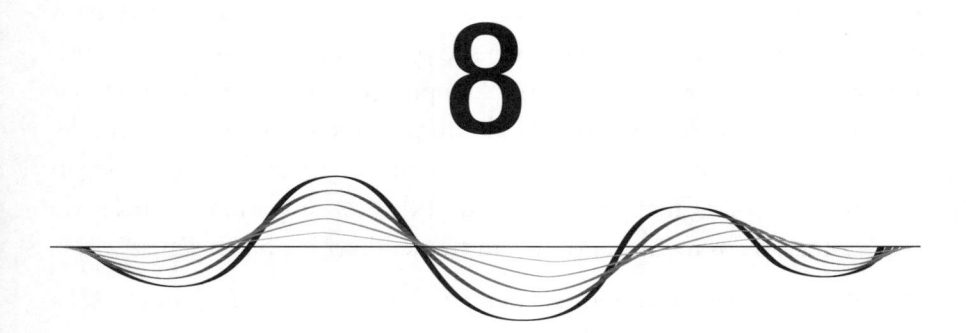

Ensine Todos a Ser Diretos e a Construir Confiança Mútua

Os Perigos dos Silos

Anos atrás, na ServiceNow, eu estava recrutando um executivo de alto nível para ser nosso vice-presidente de vendas, ou, como chamamos hoje, Diretor de Receita (CRO). Durante a entrevista, perguntei qual equipe em sua empresa atual ele considerava ser sua equipe principal. Não surpreendentemente, sua resposta foi a equipe de vendas. A resposta que eu esperava, no entanto, era seu grupo de liderança, ou seja, seus colegas de engenharia, marketing, finanças, serviços, e assim por diante, porque essa é a equipe que realmente administra qualquer empresa. A equipe de vendas por si só é apenas um silo dentro da organização maior.

Muitas empresas são assoladas por uma boa execução em silos individuais, mas uma execução terrível entre silos. Todo mundo tenta ficar dentro de suas próprias linhas organizacionais, incluindo os líderes que dirigem essas linhas. As pessoas ficam boas em gerenciar para cima e para baixo no organograma de um único silo, mas vacilam quando os problemas exigem cooperação entre eles. Sempre que um problema atravessa os departamentos, as pessoas o sinalizam para o chefe de seu próprio departamento e pedem que ele ou ela fale com os chefes dos outros departamentos. Isso cria mais trabalho para todos e transforma os chefes de departamento em mensageiros. É um tremendo golpe na eficiência.

Talvez isto seja ainda pior: esperar que todos permaneçam em seus silos impõe estruturas rígidas de poder e incentiva os líderes a acumular poder dentro de seus feudos. Essas organizações tendem a se tornar muito políticas, com aqueles no topo dos silos desfrutando de grande poder, enquanto todos os outros disputam posições para influenciar seus chefes de departamento. Também força as disputas até o topo da hierarquia, o que alguns líderes realmente preferem, em vez de resolvê-las lateralmente. Pessoalmente, consideraria uma falha da minha parte se os executivos tivessem que vir até mim para resolver uma disputa.

As estruturas organizacionais não são sagradas e invioláveis. Elas são apenas um meio de organizar a cadeia de comando, que pode se tornar muito ampla e desfocada sem um organograma claro. O paradoxo é que qualquer empresa grande o suficiente para ter silos funcionais deve se unir como se essas delineações organizacionais mal existissem. Se os líderes de cada silo reforçarem seu isolamento uns dos outros, certamente ninguém nos níveis mais baixos da organização sentirá isso como um incentivo para mudar esse aspecto da cultura.

Muitos gerentes e executivos tentam manter um escudo em torno de seu silo e exigem que aqueles que estão dentro obtenham permissão para falar com qualquer pessoa de fora. Esses loucos inseguros e ávidos por controle são muito mais comuns do que você imagina. Felizmente, é possível redirecioná-los.

Uma Opção Melhor: Indo Direto ao Ponto

Temos um ditado que muitas vezes repetimos em nossas empresas: *vá direto ao ponto*. Se você tiver um problema que abrange todos os departamentos, descubra quem nesses outros departamentos pode ajudá-lo mais diretamente a resolver o problema e entre em contato sem hesitar. Todos, e queremos dizer *todos*, têm permissão para falar com qualquer pessoa dentro da empresa, por qualquer motivo, independentemente de seu papel, cargo ou função. Queremos que a organização funcione com base na influência, não na posição e no título. Queremos que todos pensem na empresa como uma grande equipe, não uma série de equipes menores concorrentes.

Também esperamos que todas as tentativas de contato com outra pessoa sejam reconhecidas prontamente e respondidas com atenção. Não é aceitável ignorar um colega apenas porque você está acima na hierarquia ou não está disposto a lidar com suas preocupações. Já vi pessoas vindas de outras empresas agirem dessa forma, e corrigimos tal comportamento assim que tomamos conhecimento. Para dar o exemplo, respondo pessoalmente a qualquer funcionário que me envie um e-mail. Pode ser apenas uma breve frase redirecionando-os para outra pessoa, mas eles receberão uma resposta.

Diversas vezes, é preciso muita comunicação e reforço para tornar "ir direto ao ponto" uma parte central de sua cultura. Nossos funcionários me ouviram explicar esse conceito várias vezes, porque o reflexo de ir verticalmente, em vez de horizontalmente, é muito forte. Mas, se você, como líder, continuar enfatizando a importância de ser direto, poderá quebrar o hábito de todo mundo de permanecer dentro de silos. Depois de um tempo, as pessoas se envolverão lateralmente com a mesma facilidade com que fazem dentro de suas próprias equipes.

O mesmo acontece no nível de chefia de departamento. Sempre foi uma prioridade para mim reunir meus chefes de departamento e usá-los como o corpo diretivo da empresa. Meu papel como CEO é facilitar sua iniciativa e incentivá-los a alcançar soluções criativas, não simplesmente dizer a eles o que fazer. Todos se sentam à mesa enquanto discutimos questões desafiadoras. Ou, na era do trabalho remoto, todos ganham um quadrado na galeria do Zoom.

Essa abordagem deixa os executivos muito mais à vontade para trabalhar diretamente com seus colegas, em vez de enviar problemas ao meu escritório para resolução de disputas. Meu escritório não é o reino mágico! Minha equipe sênior aprendeu que pode economizar muito tempo e esforço indo na lateral, em vez da vertical. E isso os ajuda a dar um bom exemplo para todos os outros.

A propósito, a oposição a dar um carteiraço deve incluir o CEO. Se eu não conseguir apoio para minha posição com base na força de meu argumento, não devo ganhar uma disputa. Você pode vencer batalhas no curto prazo exibindo seu crachá e ordenando que as pessoas desistam, mas no longo prazo isso causará mais problemas do que soluções.

Construindo Confiança

Ir direto ao ponto só funcionará como estratégia se seu pessoal confiar em seus colegas de outros departamentos, mesmo que não tenham relacionamento direto com eles. A confiança é fundamental para a eficácia da equipe — é impossível superestimar o quão importante ela é. Organizações nas quais a maioria das pessoas confia umas nas outras têm qualidade de vida muito maior do que aquelas em que isso não acontece. Elas concentram suas energias mais nas prioridades da organização, em vez de verificar se os colegas estão fazendo o que deveriam estar fazendo ou se alguém está querendo sabotá-las.

A confiança nunca simplesmente acontece — ela precisa ser conquistada e desenvolvida. Todo mundo tem que apontar para isso e trabalhar nisso de forma constante. Os negócios oferecem sempre oportunidades para ganhar e perder a confiança. As pessoas podem detectar um colega não confiável rapidamente, quase por instinto. A maioria de nós começa relacionamentos com uma atitude de esperar para ver, no lugar de confiar cegamente, e uma única experiência decepcionante pode dificultar a recuperá-la. Gato escaldado tem medo de água fria, como diz o ditado.

A confiança nem sempre é absoluta, você a tem ou não. Algumas pessoas, equipes e departamentos são parcialmente confiáveis. Outros aprenderão a não virar as costas porque eles estão clara e ativamente em desacordo com seus objetivos.

Em ambientes de baixa confiança, as pessoas aprendem rapidamente a jogar na defensiva. Elas elaboram suas ações com base em quão vulneráveis se sentem contra a indiferença ou a sabotagem total de seus colegas. Elas podem sobreviver dessa forma, mas a organização como um todo terá dificuldades. Não podemos ter sucesso quando todos estão preocupados com sua sobrevivência pessoal, e não com a da empresa.

Minha concepção favorita dessa ideia é do livro de Patrick Lencioni, *Os Cinco Desafios das Equipes*, uma estrutura conceitual que usamos ao longo dos anos para avaliar o quão funcional éramos como equipe. O modelo do livro de Lencioni está reproduzido a seguir.

5 disfunções de uma equipe

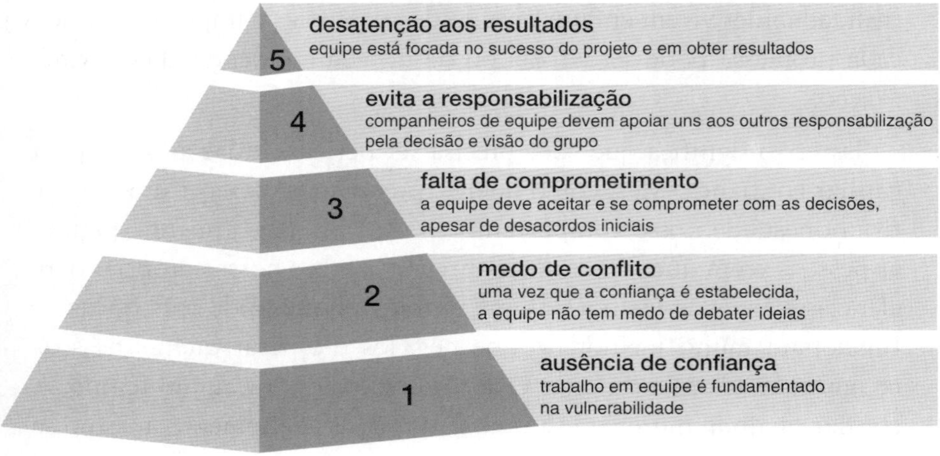

Embora haja muito nessa estrutura que seja digno de consideração adicional, a base é a confiança. Sem confiança, todas as outras disfunções de uma equipe — como medo de conflito, falta de comprometimento e evitar a responsabilização — tornam-se difíceis de resolver.

Você É um Líder Confiável?

Para desenvolver confiança nas organizações, os líderes devem ser confiáveis. Você não pode simplesmente exigir confiança das pessoas, incluindo seus subordinados diretos. Você tem que merecê-la.

Cada uma das vezes que entrei como novo CEO em três empresas diferentes, pude sentir a apreensão e a falta de confiança de todos desde o primeiro dia. Novos líderes raramente parecem obter o benefício da dúvida, apesar de suas credenciais ou de sua experiência. As pessoas são naturalmente cautelosas com a mudança. Mas, com o tempo, a confiança pode ser conquistada com palavras e ações consistentes com suas narrativas.

As pessoas sempre monitoram a variação entre o que você diz e o que você faz — e especialmente como trata a equipe. Elas detectarão os menores padrões de deturpação que, com o tempo, se convertem em descontos nas promessas. É por isso que os políticos têm uma aceitação tão baixa — a maior parte do que eles dizem está desconectada da realidade. Eles vivem em um mundo de aparências e impressões, onde cada promessa pode ser adiada ou deturpada até depois da próxima eleição.

Isso não significa que você precisa ser perfeito todas as vezes para ganhar confiança. Mas, como líderes, precisamos oferecer uma narrativa honesta de nosso comportamento. A confiança aumenta quando as pessoas veem que somos autoconscientes sobre nossas próprias deficiências e áreas de melhoria. Uma narrativa honesta de seus fracassos funcionará muito melhor do que negá-los e esperar que as pessoas os ignorem. Claro, essa estratégia só funcionará por algum tempo. A confiança ainda murchará se você falhar consistentemente, mesmo se fizer um sincero *mea culpa* todas as vezes.

Projeções hiperbólicas destruirão qualquer forma de credibilidade e confiança. Portanto, ao definir expectativas, certifique-se de ter os recursos e a capacidade de cumpri-las. Não apenas em termos de entregas, mas também em como você trata as pessoas. Por exemplo, se você disser que tem política de tolerância zero em relação a uma questão, não abra exceções.

Se diz que apoia alguém, então apoie. As palavras têm consequências. As pessoas confiam em uma pessoa direta.

Melhor ainda, para realmente inspirar confiança, prometa menos e entregue mais.

Entrar na Snowflake como CEO foi turbulento. As pessoas não esperavam por isso. O CEO anterior era popular entre todos, e comecei a fazer mudanças de liderança quase imediatamente, o que inquietou as pessoas. Na primeira reunião geral trimestral, expliquei como, com foco e execução adequados, sem ficar esperando e rezando, o valor da empresa poderia chegar a dez vezes mais em questão de doze a dezoito meses. Vi muita descrença nos olhos das pessoas naquele dia, mas acabamos abrindo o capital da empresa em treze a quatorze vezes o número daquele dia, e as ações dobraram novamente no primeiro dia de negociação. Recebi muitos e-mails de funcionários naquela semana, lembrando aquele dia fatídico um ano antes, quando fizemos aquela projeção de dez vezes. Um funcionário escreveu: "Nós não acreditamos em você naquele dia, mas você fez exatamente o que disse que faria."

Os Benefícios de um Ambiente de Alta Confiança

Culturas de local de trabalho de alta confiança tendem a se correlacionar com organizações de alto desempenho. Em uma equipe de alta confiança, as pessoas chamam a atenção umas das outras, sem reservas, pelo bem da empresa; ninguém se sente colocado em uma posição difícil ou que o fizeram para ele passar vergonha. Se as pessoas podem confiar que as motivações de todos são honrosas, não políticas, isso permite que se concentrem nos problemas e nos desafios da empresa sem ficarem na defensiva. As pessoas não precisam defender más decisões em um ambiente de alta confiança. Elas podem reconhecer uma falha e seguir em frente rapidamente.

Para dar um bom exemplo, sempre que percebia que uma de minhas decisões havia sido incorreta e lastimável, admitia publicamente e declarava aquilo como um rápido fracasso. Por exemplo, eu me esforcei na Data Domain para construir excelência em manufatura por contrato. Contratamos e acabamos nos separando com alguns líderes. Errei na contratação, em parte porque nunca havia lidado com manufatura antes, sendo um cara de software. Reconheci publicamente nossos fracassos, mas também disse que não pararia até acertarmos, o que acabamos fazendo.

Vivenciamos uma situação estranhamente semelhante na ServiceNow ao tentar estabelecer a liderança no gerenciamento da infraestrutura de computação em nuvem. Isso também era algo que eu não tinha feito antes, e era uma disciplina totalmente nova na indústria. Tivemos falsos começos bem divulgados na liderança nessa área pela qual assumi a responsabilidade. Como antes, eu disse ao nosso pessoal que não pararíamos até chegarmos aonde precisávamos estar. Cometer erros é tolerável, desde que você os reconheça e procure resolver completamente a situação até encontrar a solução.

Ao declarar meus próprios erros, sinalizei a todos que era seguro admitir os seus também, sem temer consequências extremas. Ninguém acerta tudo o tempo todo. Quanto mais rápido todos enfrentarmos nossos demônios e nos corrigirmos, melhor será para a empresa. Mas isso só pode acontecer em um ambiente de segurança e confiança.

Parte IV

Aprimore Seu Foco

9

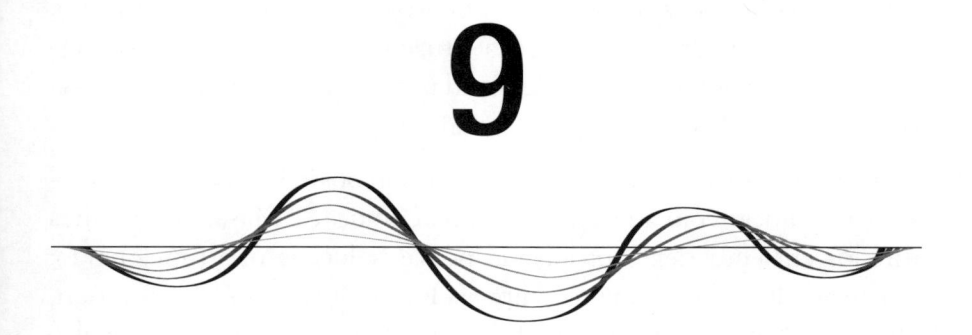

Coloque a Análise Antes das Soluções

O Problema de Correr para Soluções

A profissão médica é "centrada no diagnóstico" na maneira como trata as enfermidades. Isso não é surpreendente — como alguém pode tratar um paciente de forma eficaz sem um diagnóstico correto, especialmente na era dos enormes processos por negligência médica? Assim, os médicos são treinados para passar um tempo significativo executando testes e eliminando possíveis causas. Os protocolos de tratamento só podem ser implementados após o diagnóstico. E, mesmo assim, os médicos são ensinados a permanecer vigilantes caso o tratamento não esteja funcionando, o que pode sinalizar um diagnóstico equivocado. A ciência da vida é um negócio obscuro, e mesmo os especialistas não podem tomar nada como certo.

Mas os negócios, descobri, têm a tendência cultural oposta. Tendemos a ser "centrados em soluções" – passamos a maior parte do tempo discutindo soluções, em vez de diagnosticar problemas. Corremos em direção a conclusões sobre o que está errado e o que fazer a respeito. Combinamos padrões, reagindo a situações com base em nossa experiência individual, em vez de estudar a situação específica à nossa frente a partir de uma perspectiva mais ampla.

É fácil estar irracionalmente confiante em nosso julgamento e ansioso para avançar com a implementação de soluções. Mas, se estivermos errados em entender o problema, nossas soluções não funcionarão. Por exemplo, meu primeiro empregador, a Burroughs Corporation, em Detroit, um dos chamados B-U-N-C-H (abreviação de Burroughs-UNIVACNCR-ControlData-Honeywell), concluiu que a solução para o marasmo era aumentar a escala, o que levou a uma fusão de iguais com a Sperry UNIVAC. Não há evidências convincentes de que faltava escala, visto o que aconteceu com a UNISYS, a entidade renomeada que emergiu da fusão, nos 35 anos seguintes. Os desafios permaneceram, apenas em uma escala maior, pois a Sperry UNIVAC tinha seus próprios problemas. As F&A (fusões e aquisições) são muitas vezes o método preferido de romper com uma dinâmica indesejada, mas raramente funciona assim, porque a análise do problema é malfadada.

Parte do problema é geralmente a preguiça intelectual. Sua própria estrutura de referência pode levá-lo a um subconjunto altamente seletivo da gama de explicações possíveis. Somos naturalmente atraídos por certas narrativas e resistimos a outras. A política entra na equação quando certas narrativas fazem as pessoas parecerem boas ou ruins. Às vezes, empresas inteiras são propensas a pensar em termos de padrões desgastados, e não é conveniente desviar-se da sabedoria convencional. Vencer a discussão torna-se mais importante do que estar correto em sua análise.

Trabalhei para uma empresa assim em meados dos anos 1990. Meu segundo grande empregador, a Compuware de Farmington Hills, Michigan, queria sair de seu negócio centrado em mainframes. Os mainframes eram vistos até então como gigantes legados, e as coisas legais eram os minicomputadores, o sistema operacional UNIX, o PC de mesa e o servidor Windows. Não estava claro qual problema, se houvesse um, a empresa estava tentando resolver. Os mainframes ainda eram um negócio insanamente lucrativo e altamente previsível em comparação com todas as novas tecnologias que surgiam naquela época. Melhor ainda, o negócio de mainframe estava prestes a reacelerar massivamente devido ao infame bug do milênio (Y2K), a poucos anos de distância. A empresa estava tentando resolver um problema que não existia, e isso levou a uma aquisição malfadada após a outra.

Acabei assumindo um papel de liderança em uma dessas aquisições, a empresa UNIFACE em Amsterdã, na Holanda. Numerosos desafios vieram com esse acordo, não menos importantes do que o fato de a tecnologia já estar no fim de seu ciclo de vida útil, e as coisas só ficariam mais difíceis. Esse acordo não resolveu nenhum problema, mas com certeza criou muitos nos anos seguintes. Às vezes, as empresas são tão bem-sucedidas em seu negócio principal, que passam a acreditar que não podem errar e forçam seu caminho para novos empreendimentos que são mal analisados e mal compreendidos. Por mais estável e duradouro que fosse o negócio de mainframe naqueles anos, novas tecnologias surgiam e desapareciam em um ritmo alucinante. Quase tudo o que você adquirisse naqueles anos teria vida curta.

Outra causa de saltar para soluções é o pensamento de grupo, que desencoraja formas de pensar novas, criativas e inesperadas. Sabemos pela história que o pensamento de grupo levou a resultados desastrosos, como a malfadada invasão da Baía dos Porcos em Cuba no início dos anos 1960. O pensamento de grupo é inato em todos os empreendimentos humanos; a única questão é quão duro você trabalha para ser intelectualmente honesto. Os vieses e o preconceito fazem parte da condição humana. Assim como o viés de confirmação, um termo psicológico mais recente para descrever melhor essas tendências.

Por exemplo, lembro-me de uma reunião no começo da Snowflake para discutir a adoção do nosso Data Cloud pelo cliente. As propostas daquele dia se concentraram em uma série de iniciativas para aumentar a variedade e a disponibilidade de fontes de dados, supondo que essa era certamente a razão pela qual a adoção não foi tão rápida quanto queríamos. Nem uma palavra de análise sobre a natureza do problema ou quais poderiam ser todas as explicações possíveis para uma adoção lenta. Para desgosto de todos, redirecionei a conversa para a natureza do problema, em vez de acelerar as propostas já apresentadas. Eu geralmente não sou fã de apenas tentar coisas; jogar ideias contra a parede para ver se elas grudam. Perdemos tempo e desperdiçamos recursos dessa maneira. Vamos tentar um tiro certo, em vez de sair atirando para todos os lados.

Desde então, aumentamos massivamente a disponibilidade pública de recursos de dados, mas também aprendemos que nem todos os dados são criados iguais: algumas fontes de dados estão em alta demanda, enquanto outras são pouco acessadas. Começamos a ter um vislumbre do que mais tarde chamamos de gravidade de dados, a ideia de que os dados se concentram em profundidade e escopo em determinados setores. Em vez de apenas força bruta, uma abordagem muito mais diferenciada resultou de entendermos realmente os desafios iniciais da adoção da nuvem de dados.

Como Focar a Análise

Portanto, cabe a nós agir mais como médicos: desacelerar e examinar criticamente situações e problemas antes de decidir por uma explicação, muito menos uma solução. Isso requer honestidade intelectual — a capacidade de permanecer racional e deixar de lado nossos preconceitos e experiências passadas. Considere toda a gama de possibilidades, não apenas a primeira que salta à vista. Procure aconselhamento fora de seu ambiente direto.

Como você pode ficar bom em fazer análises racionais antes de tirar conclusões precipitadas e treinar seu pessoal para manter a honestidade intelectual?

Minha tática preferida é começar com os chamados primeiros princípios. Divida os problemas em seus elementos mais básicos. Ignore o que você acha que já sabe e imagine que está enfrentando esse tipo de situação pela primeira vez em sua vida. Quanto mais você já viu e sabe, mais difícil fica essa tática, mas vale a pena o esforço.

Em reuniões, muitas vezes me oponho a apresentações em que 90% do conteúdo é sobre a solução, não sobre o problema. Meus colegas de trabalho acham frustrante que eu sempre queira voltar ao início, em vez de carimbar um programa ou projeto. Eles querem pular direto para a fase de ação, então veem uma discussão aprofundada sobre possíveis explicações como perda de tempo. Claro, quando você acaba errando sobre o problema e, portanto, sendo ineficaz, é uma perda de tempo muito mais séria. Uma vez que você começa a examinar e a desmembrar um problema, a perspectiva geralmente muda o leque de possibilidades. Isso muitas vezes evita um erro que nos forçaria a retroceder mais tarde — desperdiçando tempo, esforço e dinheiro no processo.

Isso me traz de volta a uma de minhas frases favoritas, de Scott McNealy, da Sun Microsystems: "Falhe rápido" (que já mencionei na seção "Entendendo Corretamente a Estratégia", no Capítulo 5). Se você descobrir que estava errado, corrija imediatamente. Construa uma reputação como um rápido corretor de curso. Você não precisa estar certo o tempo todo para ter sucesso se puder admitir rapidamente quando estiver errado. Isso o diferenciará da maioria das pessoas que se apega às narrativas muito rapidamente e se recusa a revisitar a análise por medo de parecer desagradável politicamente.

A Análise É Especialmente Importante para Decisões em Relação a Pessoas

A contratação de talentos é uma área para a qual essa abordagem é especialmente importante. As decisões de contratação são naturalmente repletas de vieses, porque muitas qualidades humanas são impossíveis de medir de forma objetiva. É perdoável que algumas decisões de contratação acabem como fracassos, mas o que não é perdoável é se recusar a reconhecer, assumir e agir sobre os erros de contratação. Mesmo depois de décadas de experiência, contratei repetidamente executivos que foram bem-sucedidos em suas funções anteriores, respeitados e queridos – e, no entanto, acabaram sendo péssimas contratações. Isso acontece com todos nós!

Como você sabe se sua análise de uma nova contratação estava errada? Várias vezes por ano, realizamos o que chamamos de sessões de "calibração" (que já mencionei no Capítulo 6), em que cada chefe de departamento apresenta seus pares, perfilando o desempenho e o potencial de seus subordinados diretos. O objetivo é destacar quem achamos que são nossas estrelas em ascensão, quem está passando por dificuldades e quem é uma preocupação séria. Os chefes de departamento tentam ser o mais objetivos possível, enquanto confiam em seu grupo de pares para uma verificação da realidade em cada avaliação.

Qualquer um de nós individualmente pode ser tendencioso, mas o grupo de pares, em geral, é claro em sua avaliação do talento. As pessoas acabam abraçadas ou rejeitadas pelo grupo de pares, raramente com um meio-termo. Em culturas fortes, o grupo de pares gerenciais pode agir como anticorpos, rejeitando uma substância estranha perigosa antes que ela possa destruir a saúde do organismo.

Essas sessões de calibração podem ser difíceis, mas destacam qualquer falta de congruência na organização, se existir. Elas também nos forçam a enfrentar nossos demônios: estamos tolerando um desempenho menos que estelar em certos papéis? Invariavelmente, esse é o caso em um grau ou outro. Podemos e devemos aspirar a fazer melhor? A análise aguça percepções que tendem a ficar embotadas na agitação diária. Tirar um tempo para discutir explicitamente esses tópicos pode ser revigorante.

Sempre que há discrepâncias gritantes na avaliação de um de nossos executivos, dobramos a análise, em vez de tirar conclusões precipitadas. Deve haver uma razão pela qual as pessoas estão tendo experiências muito diferentes com essa pessoa. Com tempo suficiente dedicado à discussão, sempre chegamos ao fundo dela. Análise primeiro – especialmente quando a carreira futura de alguém está em jogo.

10

Alinhe Incentivos para o Sucesso do Cliente

Você Precisa de um Departamento de Sucesso do Cliente?

Cerca de dez anos atrás, tornou-se moda no Vale do Silício organizar e equipar o chamado departamento de "sucesso do cliente". De repente, parecia que todo mundo tinha um, mas eles não existiam muito antes disso. A ideia era alocar recursos para uma equipe dedicada de pessoas que se concentrasse exclusivamente no sucesso do cliente.

Os clientes gostavam de ter uma equipe especial que defendesse seus interesses. Essas pessoas de sucesso do cliente não se reportariam a vendas ou ao atendimento ao cliente, mas coordenariam e envolveriam todos e quaisquer recursos da empresa em nome do cliente, para resolver quaisquer problemas que pudessem surgir. Normalmente, essa equipe seria composta por uma mistura de especialistas de outros departamentos, desde o departamento técnico até o de vendas e o de suporte ao produto.

Isso soa como uma grande inovação gerencial? Certamente soava para o pessoal da ServiceNow e da Snowflake, que configuraram essas funções antes da minha chegada. Eles ficaram felizes em seguir a tendência de outras empresas como a nossa. Mas eu não. Eu desativei esses departamentos de sucesso do cliente em ambas as empresas, realocando a equipe de volta para os departamentos no quais sua experiência se encaixava melhor.

Eis por que eu me opus tanto: se você tem um departamento de sucesso do cliente, isso dá a todos um incentivo para parar de se preocupar com o quão bem nossos clientes estão prosperando com nossos produtos e serviços. Isso configura uma desconexão que pode criar grandes problemas no futuro. As pessoas podem se concentrar mais em atingir as metas estreitas de seu silo, em vez da meta mais ampla e mais importante de satisfação do cliente, o que, em última análise, impulsiona a retenção de clientes, o boca a boca, a lucratividade e a sobrevivência de toda a empresa no longo prazo.

Por exemplo, na ServiceNow, algumas das pessoas de sucesso do cliente tornaram-se bastante dominantes na interação com os clientes e coordenaram todos os recursos da empresa para o benefício dos clientes, incluindo suporte técnico, serviços profissionais e até engenharia. Isso fez com que outros departamentos ficassem de lado, tornando-se mais passivos e sentindo menos propriedade do sucesso do cliente. Mais reconhecimentos entre as funções, em vez de menos.

O Sucesso do Cliente É um Negócio de Todos

A estratégia alternativa é declarar e reforçar constantemente que o sucesso do cliente é o negócio de toda a empresa, não apenas de um departamento. Isso significa que, quando surge um problema, cada departamento tem a responsabilidade de corrigi-lo. Os incentivos de todos devem estar totalmente alinhados com o que é bom para nossos clientes.

Se as funções básicas da empresa estiverem funcionando corretamente e forem responsabilizadas, você não precisará de um departamento separado. Se seu produto é tão ruim que requer um exército de suportes, aplique recursos extras para consertar o produto. E, se houver um problema mais comum, peça a todos que o levem a sério e o resolvam diretamente. Em qualquer um desses cenários, a criação de um novo departamento não agrega nenhum valor adicional. Ele apenas permite que outros departamentos que podem ter decepcionado um cliente se safem.

O desejo de reorganizar as pessoas em novos departamentos me lembra o governo dos EUA, onde a solução proposta para cada problema é uma nova camada de burocracia. Por exemplo, quando o FBI, a CIA e o Pentágono falharam em impedir os ataques de 11 de setembro, nenhum deles foi realmente responsabilizado. Em vez disso, o governo criou uma nova organização enorme em nível de gabinete, o Departamento de Segurança Interna. Nenhuma agência é punida por deixar de fazer seu trabalho; todas elas vivem para buscar por mais recursos federais a cada dia. Enquanto isso, uma nova organização apenas adiciona mais complexidade aos desafios de resolver o problema subjacente.

As queixas dos clientes são mais bem resolvidas estabelecendo-se o legítimo responsável, reduzindo a complexidade interna e removendo intermediários burocráticos. Os desenvolvedores de produtos e os vendedores que trabalham diretamente com um cliente nunca devem abrir mão da responsabilidade pelo bem-estar desse cliente, o que afeta de maneira direta o progresso de sua carreira e os resultados da empresa. Dessa forma, os incentivos de todos estão alinhados. É ainda melhor se vários departamentos se sobrepuserem em termos de escopo, para que nenhum cliente passe despercebido.

Aqui está um exemplo de como isso funciona na prática. Nas três empresas, fizemos com que nosso pessoal de suporte técnico se tornasse o responsável organizacional dos problemas dos clientes de ponta a ponta. Também transferimos o suporte técnico organizacionalmente para a engenharia, de modo que todos se reportavam ao mesmo executivo, nosso chefe de engenharia. Não é desejável, em nossa experiência, quando a engenharia é removida ou não sente os efeitos das decisões do suporte técnico. A engenharia desempenha, de fato, um papel de suporte: o suporte técnico tem que trabalhar com o departamento de engenharia sempre que esgotar os limites de suas próprias habilidades. É outra forma de alinhamento organizacional.

Enquanto o suporte técnico é responsável pelos problemas do cliente, as vendas são responsáveis pelo relacionamento com o cliente, que não pode ser entregue a uma pessoa de sucesso do cliente. Nosso negócio é orientado para o relacionamento, não para acordos ou negociações. É importante que os vendedores não deleguem parte de seu papel aos tipos de sucesso do cliente.

As pessoas esquecerão que você costumava ter um departamento de sucesso do cliente quando as equipes principais estiverem totalmente capacitadas para resolver problemas por conta própria. Você terminará com uma organização mais simples, menos dispendiosa e com melhor funcionamento.

Parte

V

Acelere o Ritmo

11

Aumente as Vendas

O Crescimento das Vendas É uma Questão de *Timing*

Em meu livro de 2009, *Tape Sucks*, escrevi: "Chega um momento em que o empreendimento deve mudar da conservação de recursos para aplicá-los de imediato, tão rápido quanto souber fazer efetivamente — nem sempre é óbvio quando se chega a esse ponto da encruzilhada."

Esta é uma das perguntas que mais ouço de empreendedores: como você sabe quando aumentar as vendas de uma startup? Não há uma resposta simples, mas posso compartilhar algumas perguntas adicionais que devem ajudá-lo a tirar suas próprias conclusões:

- Você está satisfeito com suas métricas atuais de produtividade de vendas? Se não, como pode melhorar a produtividade antes de adicionar mais funcionários de vendas?

- Você está satisfeito com as métricas de seu pipeline de geração de leads? Se não, como pode melhorá-lo?
- Você está sendo realista em seu cronograma de metas de vendas? Você está projetando muito e cedo demais, ou pouco e tarde demais?
- Você está sendo agressivo e pensando grande o suficiente para superar sua concorrência?
- Sua equipe de vendas concorda com suas metas e seu cronograma? Ela está tomando para si os objetivos e está totalmente comprometida em atingi-los?

Tentar contratar uma equipe de vendas inteira prematuramente é um erro gerencial muito comum. O mesmo acontece com a falha em descobrir o que distingue os melhores desempenhos de vendas dos fracos antes de ampliar o número de funcionários. E também é hesitar em investir grandes recursos para aumentar seu esforço de vendas depois que todas as condições estiverem reunidas. Aqui estão três exemplos de minhas empresas que lhe darão uma melhor compreensão desses problemas comuns de vendas e como resolvê-los.

Data Domain: Não Apresse as Vendas Antes de Atravessar o Abismo

Na Data Domain, não contratamos nosso primeiro vendedor em tempo integral até o início de meu mandato como CEO. Primeiro, tivemos que estabelecer uma boa adequação do produto no mercado antes que pudéssemos tentar atravessar o abismo proverbial entre os primeiros adeptos e o mercado de massa — um conceito descrito pela primeira vez no livro de Geoff Moore, *Atravessando o Abismo*. Ainda não estávamos prontos para estabelecer um processo de vendas sistêmico e repetível que produzisse resultados consistentes.

O primeiro vendedor que contratamos tinha conhecimento técnico e era bom em interagir com os especialistas técnicos de nossos clientes em potencial. Ele conhecia os parceiros de canal que poderiam nos apoiar e nos ajudar dentro das contas e descobriu oportunidades, uma de cada vez. Vender nesses estágios iniciais é mais parecido com o desenvolvimento de negócios do que com um processo de vendas definido e repetível. Em uma situação de desenvolvimento de negócios, cada aspecto é interpretado caso a caso, e nos adaptamos às circunstâncias em questão. Preços e termos do contrato são flexíveis. Vender, por outro lado, é um processo sistêmico e altamente padronizado.

Ele teve muito sucesso e acabou ficando na Data Domain por vários anos. Mas seu estilo de desenvolvimento de negócios lento e paciente não era fácil de replicar ou escalar. O segundo representante de vendas que contratamos não tinha o mesmo conjunto de habilidades e falhou. Não havia nada de errado com ele, mas ele se encaixava em um perfil de vendas muito mais estabelecido e maduro. Simplesmente ainda não estávamos prontos para esse tipo de vendedor tradicional. Você não pode forçar um esforço de vendas se as condições subjacentes ainda não estiverem em vigor.

A Data Domain adicionou vendedores em um ritmo muito cauteloso e gradual enquanto estávamos atualizando nosso produto para atender a um mercado em expansão. Éramos bastante limitados em termos de desempenho e capacidade no início, o que limitou o número de situações em que poderíamos vender de forma viável. Levou bem mais de um ano para contratarmos até mesmo um punhado de gerentes de vendas.

Mas, enquanto isso, também iniciamos uma função de geração de leads com bons recursos. Um grande desafio da venda em estágio inicial é a demanda insuficiente, então decidimos que teríamos que dar aos nossos novos representantes uma tonelada de leads os quais pudessem acompanhar imediatamente. Um funil de vendas ocupado aumenta a produtividade e a energia dentro de uma equipe de vendas, permitindo que a gerência estude os maiores desafios de vendas e veja como os membros da equipe de melhor desempenho os estão superando. Por outro lado, se você economizar recursos para geração de leads, seus representantes de vendas acabarão tendo apenas algumas reuniões por semana. Isso é desmoralizante; eles estão literalmente morrendo aos poucos.

Altos níveis de atividade são essenciais para elevar o moral e impulsionar os resultados.

A geração de leads não era tão cara em comparação com o compromisso muito maior de contratar e reter a equipe de vendas diretas. Quando uma empresa está apenas começando, novos representantes de vendas em potencial insistirão em planos de remuneração garantidos, pelo menos no primeiro ano. Então, a certa altura, a Data Domain tinha até três desenvolvedores líderes para cada representante de vendas em tempo integral. Isso é uma tonelada de suporte de geração de leads. Ainda não estávamos preocupados em escalar o esforço de vendas; estávamos preocupados em atravessar o abismo, tornando-se viável com poder de permanência. As táticas que empregamos nesses estágios iniciais são específicas para a situação no momento e não devem durar ao longo do tempo.

Alguns anos depois, com nossa linha de produtos mais robusta, pisamos no acelerador de vendas. Contratamos mais representantes com base nas qualidades que sabíamos que precisávamos, não mais apenas adivinhando quem poderia se sair bem. E ensinamos a eles um processo previsível e sistemático a fim de criar um argumento convincente para clientes em potencial que renderia a produtividade de vendas prevista.

Nosso ponto central da contratação gradual e restrita até a abertura da comporta aconteceu em um único trimestre. Foi uma mudança tão dramática, que os membros de nosso conselho ficaram surpresos com a rapidez com que mudamos a estratégia de vendas e com a eficiência com que a executamos. O conselho nos observava havia anos, enquanto enfatizávamos a cautela e conservávamos nossos recursos. Mas agora estávamos fazendo exatamente o oposto: deixamos correr solto.

Não foi uma decisão difícil ou um salto de fé. Os números justificaram a mudança. E, pelo contrário, poderíamos até ter puxado o gatilho uns seis meses antes. Como esperamos até que tivéssemos todas as peças no lugar, a força de vendas maior e mais ambiciosa da Data Domain começou a se pagar rapidamente.

Snowflake: Dando Sentido aos Seus Pistoleiros e Errantes

Quando entrei para a Snowflake, a empresa estava crescendo rapidamente, mas estava nos custando muito mais do que um dólar em despesas de vendas e marketing para gerar um dólar em receita. A equipe de liderança anterior vinha adicionando recursos com força total, mas não ficou claro no início por que esses recursos extras não estavam se convertendo em resultados. Havíamos sido terrivelmente ineficientes na venda?

À medida que começamos a detalhar essa dinâmica, ficou claro que tínhamos muitos "errantes" em nossa equipe de vendas global — pessoas que simplesmente não estavam fechando negócios ou mesmo construindo seu pipeline de clientes em potencial. A maior parte do crescimento da empresa foi gerada por um pequeno grupo de "pistoleiros" que entregaram uma produtividade de vendas consistentemente forte. Então sabíamos que isso era um problema de execução. Se você pode vender um produto para empresas em Nova York, mas não em Atlanta, o problema não é o seu produto. Claramente, algo estava errado com a forma como conduzíamos nosso esforço de vendas.

É bastante comum em empresas em estágio inicial que um pequeno grupo de representantes gere a maior parte da receita, enquanto um grupo maior de errantes não contribui. O problema nesses casos geralmente é o mau hábito de contratar indiscriminadamente e a falta de capacitação de vendas padronizada e eficaz. Com certeza, a Snowflake estava aumentando sua força de vendas tão rápido, que havia designado pessoas para abrir vagas de vendas sem descobrir cuidadosa ou sistematicamente que tipos de representantes se sairiam melhor em cada função. Pior, não estávamos dando aos nossos novos representantes orientação suficiente sobre as melhores práticas para impulsionar a produtividade de vendas. Esperava-se que eles descobrissem por si mesmos e magicamente entregassem grandes números. Não é de admirar que alguns representantes tenham sido muito bem-sucedidos por causa das habilidades anteriores com as quais chegaram, enquanto outros estavam no fundo do poço, apesar de vender o mesmo ótimo produto e contar com o mesmo nível de suporte de marketing.

Parte do problema era que o recrutamento da Snowflake tinha sido em grande parte terceirizado, um erro para qualquer organização de vendas, na minha opinião. Se há uma habilidade que um gerente de vendas deve ter, é o recrutamento. Isso precisa ser feito internamente, porque o recrutamento é essencial para o gerenciamento de vendas bem-sucedido. Bons gerentes de vendas estão constantemente contratando e demitindo, o que os ajuda a desenvolver uma noção clara de quais candidatos deverão se tornar pistoleiros. Eles também entendem as condições que precisam ser atendidas antes que outro líder possa ser adicionado à equipe. Os gerentes de vendas indicarão aonde suas próximas contratações devem chegar e quais territórios devem abordar. Eles são responsáveis por converter os representantes em produtividade, então seguimos o exemplo deles onde eles os querem.

Depois que paramos de terceirizar nossa função de contratação, ensinamos nossos executivos de vendas a contratar melhor e aprimoramos nosso treinamento com melhores práticas, a produtividade de vendas da Snowflake começou a se ampliar e aumentar significativamente. Começamos a contratar candidatos mais fortes e a dar-lhes um caminho comprovado e consistente para a produtividade, em vez de deixá-los cair no fundo da piscina, para afundar ou nadar.

ServiceNow: Aproveitando o Momento Certo para Acelerar

Em 2011, ano em que entrei, a ServiceNow tinha uma pequena equipe de vendas com produtividade extraordinária e vendas aceleradas por representantes. Os representantes estavam orgulhosos de seu sucesso, cheios de energia e entusiasmo. A empresa terminou aquele ano com o mesmo número de representantes com metas de cotas com que começara; todas as vagas foram preenchidas, mas nenhum representante foi adicionado ao quadro de funcionários. No entanto, a empresa quase dobrou sua receita de vendas naquele ano, o que vi como um sinal claro de que já era hora de aumentar as vendas. A empresa também estava faminta por recursos em outros departamentos, mas aumentar as vendas e as funções relacionadas a vendas tinha que ser nossa principal prioridade.

Voltamos atrás e iniciamos uma campanha massiva de contratação para aumentar nossa capacidade. Toda a equipe de vendas mais que dobrou em número de funcionários em menos de seis meses. Não foi fácil recrutar tantas pessoas boas tão rapidamente. Atraímos muitos de minha antiga empresa, a EMC, o que alterou alguns ânimos por lá.

Nada é mais indicativo e preditivo de resultados de vendas do que uma meta implantada na rua. Meta é o nível de dólares de vendas atribuído aos representantes de vendas implantados. Uma vez que eles têm uma meta e precisam atingi-la para ganhar a vida, ela se torna um rolo compressor do esforço humano canalizado.

Aqui está um paradoxo do exemplo da ServiceNow. Em uma empresa estática e de baixo crescimento, o aumento da produtividade de vendas é visto como um desenvolvimento positivo. Mas em cenários de alto crescimento, é uma métrica negativa, porque significa que você não está contratando rápido o suficiente. A produtividade de vendas da ServiceNow estava muito alta quando chegamos lá. Nossa onda de contratações fez com que a produtividade se estabilizasse por alguns trimestres. Mas tudo bem, porque nossa frenética taxa de crescimento de pessoal logo seria recompensada com um crescimento dramático da receita.

Conclusão

Colocar gasolina no tanque de um carro não faz diferença se o motor não estiver funcionando. Da mesma forma, você pode contratar todos os vendedores do mundo, mas isso não valerá a pena até que você descubra seu produto, seu mercado, sua demanda e sistemas de geração de leads, e os tipos de movimentos de venda que converterão prospecções em clientes.

Se você tem uma forte equipe de vendas atolada na lama, não reclame apenas do fracasso da equipe em atingir suas metas e seu cronograma. Faça muitas perguntas para descobrir o que está errado. Em seguida, tome medidas ousadas para mitigar o problema assim que o entender. Você não pode simplesmente adotar uma postura de "esperar para ver", enquanto espera que as métricas melhorem. Você precisa gerenciar agressivamente o não desempenho, reduzir o número de funcionários, se apropriado, ou aumentá-lo sempre que tiver maior probabilidade de converter o potencial de vendas em rendimento de vendas. Adicione funcionários onde os gerentes têm histórico de convertê-los em rendimento, e vice-versa: não aumente o número de funcionários em regiões nas quais as coisas claramente não são compreendidas. Isso é esperar e rezar, não gerenciamento de vendas.

Igualmente importante é garantir que seus vendedores tenham os recursos de que precisam, incluindo gerentes e colegas experientes e produtivos. Nunca simplesmente os jogue em territórios áridos sem um plano ou apoio viável. Isso está preparando-os para o fracasso, o que levará não apenas ao fracasso deles, mas à *sua* reputação como líder que gera fracasso. A notícia se espalhará, o que tornará a contratação mais difícil e criará um círculo vicioso de declínio.

Não deixe isso acontecer. Prepare seu pessoal para o sucesso e veja-os prosperar.

12

Cresça Rápido ou Morra Devagar

Por que Focar o Crescimento?

Grow Fast or Die Slow é o título de um estudo de 2014 da McKinsey & Co que examinou milhares de empresas de software e serviços entre 1980 e 2012. Ele concluiu que o crescimento supera todo o resto como impulsionador e preditor de sucesso em longo prazo. As empresas *super grower*, que a McKinsey definiu como as que têm 60% ou mais de crescimento anual, tiveram retornos cinco vezes maiores do que as empresas de médio crescimento (que tiveram menos de 20% de crescimento anual). As *super growers* também tiveram uma probabilidade oito vezes maior de atingir US$1 bilhão em receita anual.

O estudo descobriu que, ao avaliar uma empresa jovem, o crescimento é ainda mais importante do que a margem de lucro ou a estrutura de custos. Aumentos no crescimento levaram ao dobro do aumento de avaliação do que melhorias equivalentes na lucratividade. Não foi observada correlação entre a estrutura de custos e o crescimento.

Wall Street nunca precisou do relatório de um consultor para entender a magia do crescimento. As *super growers* são recompensadas com altos índices de avaliação, tanto antes quanto depois de abrirem o capital. Como o trabalho de todo líder de negócios é aumentar o valor da empresa, você pode supor que todos estão obcecados com o crescimento. Mas você estaria errado. Relativamente poucos fazem do crescimento uma prioridade tão grande quanto deveria. Alguns até parecem satisfeitos em permanecer como *slow growers*. Por quê?

Dois Problemas: Incerteza e Medo

Uma das principais razões é que poucos líderes realmente entendem a importância do crescimento. Eles têm a crença equivocada de que sua missão é alcançar a lucratividade o mais rápido possível e que o crescimento pode seguir a lucratividade. Mas isso mostra um mal-entendido de como o valor é criado e os investidores pensam. Quando uma startup começa a mostrar lucros, os investidores concluem que ou ela não sabe como investir em mais crescimento ou ficou sem oportunidades de crescimento. Eles se perguntarão por que ela não está investindo esses lucros prematuros de volta no negócio. Eles ainda não esperam lucratividade; os investidores sabem que o crescimento é um consumidor feroz de recursos. É para isso que serve o dinheiro deles.

Muitas vezes tenho distinguido entre lucratividade real e o que chamamos de "lucratividade inerente". A lucratividade é normalmente distorcida em empresas de alto crescimento porque grande parte dos custos do período atual está associada à receita do período futuro. A questão é: como seria a lucratividade se parássemos de investir substancialmente para períodos futuros? A lucratividade inerente é impulsionada por *unit economics* ou pela linha da margem bruta na demonstração de lucros e perdas. Se as coisas custam mais do que o valor pelo qual as vendemos, o negócio obviamente nunca se tornará lucrativo. A próxima pergunta é sobre como a eficiência operacional se beneficiará com o aumento da escala. Essas respostas nos ajudam a entender qual é realmente a lucratividade inerente do negócio.

Por exemplo, as despesas gerais e administrativas podem chegar a 20% ou mais da receita no início, mas, à medida que o negócio cresce, esperamos que esse número comece a cair para abaixo de 10% da receita. Nem todos os gastos escalam linearmente com as receitas. A contabilidade pode se tornar a bastardização da economia quando ofusca a lucratividade inerente ao negócio, concentrando-se nas receitas e despesas do período atual.

Na minha experiência, a ansiedade sobre o crescimento é um problema maior do que a ignorância sobre o crescimento. Os líderes ficam com medo de queimar muitos recursos ou fazer escolhas difíceis sobre onde investir seu capital limitado. Alguns temem que, se a empresa ficar muito grande, eles perderão o controle. Outros têm medo de que, se realmente tentarem crescer, podem derrapar e acabar humilhados. Então não se arriscam. Mas tentar manter um negócio modesto não significa que você tenha um negócio viável. Seus concorrentes certamente tentarão tirar esses clientes de você.

Quando uma empresa está lutando, é da natureza humana ter medo de admitir o fracasso e desistir. Você pode dizer a si mesmo que um novo vice-presidente de vendas pode resolver o problema. Ou seu conselho pode decidir nomear um novo CEO. Mas a simples realidade é que nem todas as empresas estão destinadas ao sucesso. O mercado enviará sinais claros se você estiver disposto a ouvi-los. Só porque você pode salvar um negócio não significa que vale a pena salvá-lo.

As empresas de crescimento lento tornam-se mortos-vivos. A maioria estaria melhor falhando catastrófica e rapidamente. Pelo menos, com uma morte rápida, todos podem parar de jogar dinheiro pelo ralo e seguir em frente a fim de redistribuir seus recursos humanos e financeiros para empreendimentos mais promissores.

O Vale do Silício está repleto de empresas que permanecem na beira do abismo por anos e anos. Seus investidores de risco e suas equipes de gerenciamento têm esperança de que algum dia elas finalmente engrenarão. Eu estive pessoalmente envolvido com mais empreendimentos desse tipo do que gostaria de lembrar. No início, em minha ingenuidade, deixei de inspecionar sua eficácia operacional. Mas isso é como reorganizar as cadeiras do convés do Titanic; o navio ainda afundará, a menos que altere substancialmente o curso. Nos negócios, isso significa enfrentar a questão da viabilidade comercial. Para um negócio se destacar e atingir a velocidade de escape, ele precisa de muita diferenciação. Precisa de uma grande reviravolta e romper o status quo. As pessoas bocejam quando lhes são oferecidas mudanças meramente marginais.

Construa um Modelo de Crescimento que Estique Seus Objetivos

Costumo pedir a outros CEOs que expliquem seu modelo de crescimento — em outras palavras, quão rápido sua empresa poderia crescer se fosse executada de maneira otimizada? Quais restrições limitariam ou permitiriam seu crescimento? Surpreendentemente, a resposta é muitas vezes um olhar vazio. "Modelo de crescimento? Não sei ao certo o que quer dizer com isso."

Às vezes eles jogam a pergunta de volta para mim: "Quão rápido você acha que devemos crescer?" Ou talvez: "Estamos a caminho de um crescimento de 30% este ano. Você acha que é bom o suficiente?" Como posso responder a essas perguntas para os negócios de outra pessoa? As respostas são relativas e situacionais. Para algumas empresas, em determinadas situações, 30% pode ser superlativo, mas para outras, pode ser um desempenho muito abaixo do esperado. É por isso que é preciso um modelo de crescimento — para entender os muitos fatores que melhorarão ou limitarão as oportunidades de crescimento.

Muitas vezes, é impossível avaliar os verdadeiros limites do crescimento. Não é apenas inserir números em uma fórmula; requer julgamento e insights humanos. É por isso que temos que continuar nos apoiando nisso. Tanto as reuniões da alta administração quanto as do conselho devem se concentrar em desafiar as premissas que se somam ao modelo de crescimento atual. Muitas vezes, desafiar essas suposições o levará a concluir que sua meta de crescimento é muito conservadora. Em caso de dúvida, impulsione o modelo para definir uma meta mais ambiciosa.

Por exemplo, na Data Domain, inicialmente definimos nossas metas de crescimento de forma conservadora, porque estávamos com muito medo de ir longe demais e perder a credibilidade com nosso conselho de administração, um sentimento comum entre as equipes de gerenciamento. Mas esse é o instinto errado; prefiro aumentar as expectativas de crescimento e ficar aquém, em vez nem mesmo alcançá-lo. O comportamento é instruído, senão conduzido, por expectativas. Lembro-me de uma conversa com nossos líderes de vendas da Data Domain, anos atrás, discutindo a meta de crescimento para o ano seguinte. Eu queria que eles desenvolvessem o alvo primeiro, para que se sentissem seus donos, em vez de tê-lo imposto a eles de cima para baixo. Enquanto discutíamos suas estimativas, perguntei o que seria necessário para aumentar a estimativa inicial em, digamos, 25%. A equipe, então, criou uma lista de coisas que precisava fazer para chegar àquele número mais alto. Bem, por que não fazemos isso então? Os objetivos são poderosos: eles mudam o comportamento.

Quando tive uma entrevista pela primeira vez com o conselho da ServiceNow, no início de 2011, eles estavam compreensivelmente orgulhosos da trajetória de crescimento da empresa. Quando perguntei se poderiam crescer ainda mais rápido, recebi olhares incrédulos, senão irritados, em troca. Eu não queria agir como um idiota; só queria entender como eles pensavam sobre crescimento. Pode ser uma pergunta desconfortável, mas precisa ser feita repetidas vezes.

Você pode descobrir em algum momento que está gastando demais em crescimento e investindo de forma ineficaz, mas essa é uma situação rara. É muito mais provável que você fique cada vez melhor na otimização para taxas de crescimento mais altas e metas maiores. Podemos teorizar tudo o que quisermos, mas, em última análise, todos aprendemos melhor fazendo. No meu caso, todas as empresas que liderei eram *super growers*, mas, em retrospectiva, eu poderia ter aplicado de forma produtiva ainda mais recursos, ainda mais agressivamente do que fiz. Todas as minhas experiências me ensinaram que, em caso de dúvida, você deve se esforçar e tentar crescer mais rápido.

Deixe a Concorrência para Trás

O rápido crescimento separa as grandes empresas da concorrência. Você pode psicologicamente deixar todos os outros comendo poeira quando ultrapassar suas taxas de crescimento por uma margem considerável. É intimidante e desmoralizante para seus concorrentes.

Por exemplo, em 2007, a Data Domain liderava um mercado lotado de desduplicação de matrizes de disco e bibliotecas de fitas virtuais. Toda empresa de armazenamento em disco estava competindo por relacionamentos com os fabricantes de equipamentos originais (OEMs), que vendiam o produto para os clientes finais, os quais desconfiavam de startups para algo tão fundamental quanto o armazenamento de backup. Os OEMs eram empresas como EMC, Hitachi, IBM e NetApp. Mas a Data Domain seguiu uma estratégia diferente; montamos nossa própria organização de vendas diretas. Isso era comum em software corporativo (onde muitos de nós começamos), mas nada ortodoxo em armazenamento de dados.

Os revendedores muitas vezes deixavam de vender Data Domain porque tinham medo de serem superados pelos grandes OEMs. Os revendedores não colocariam em risco suas lucrativas franquias com os grandes OEMs para enfrentar uma novata como a Data Domain, que representava uma ameaça ao status quo. Acabamos vendendo diretamente contra os revendedores, mas, depois que eles perderam para nós várias vezes, alguns começaram a aparecer. Os clientes começaram a pedir nosso produto, então eles realmente tinham pouca escolha a não ser oferecer a Data Domain. É assim que uma dinâmica de poder muda; sua alavancagem vem de ter um produto forte e de uma capacidade formidável de vendê-lo. Se possível, sempre seja proprietário de sua distribuição, em vez de delegá-la a terceiros. Ninguém se preocupa mais do que você em vender seu produto.

Nossa decisão pouco ortodoxa de vender diretamente ajudou a Data Domain a dominar o mercado. Acabou atingindo quinze vezes o valor de seu concorrente mais próximo. Nosso zelo para vencer a EMC como o leviatã do negócio de armazenamento era tão forte, que eu pessoalmente fui a Boston várias vezes a fim de vender para clientes em potencial em seu quintal. Para as empresas da Nova Inglaterra, comprar a EMC era quase uma religião, mas não deixamos isso nos deter. Começamos a contratar alguns dos melhores vendedores da EMC, que estavam cansados de perder para a Data Domain e abertos a mudanças. Esse tiro de advertência para a EMC foi ainda mais desmoralizante do que perder alguns de seus clientes fiéis. Quando você desafia empresas muito grandes, ter um pouco de vantagem ajuda.

A EMC fez todo o possível para neutralizar o crescimento da Data Domain, inclusive perseguindo nossos clientes da mesma forma que estávamos perseguindo os deles. Mas nada funcionou — nosso ímpeto de crescimento já era forte demais. No fim, eles foram forçados a lançar uma aquisição não solicitada para adquirir a Data Domain.

Continuando a Crescer Depois que Você Já É Grande

Crescer é difícil quando você é uma pequena startup, mas continuar a crescer depois de atingir a escala pode ser ainda mais difícil. As pessoas naturalmente esperam que o crescimento diminua quando os negócios atingem certa escala. Não ceda a essa suposição muito rapidamente. Ao contrário da lei da gravidade, não há nenhuma lei de que o impulso naturalmente tenha que diminuir à medida que suas receitas aumentam cada vez mais. É o tamanho do seu mercado endereçável que dita os limites. O crescimento tende a desacelerar quando está começando a haver uma boa penetração e saturação.

Muitas empresas tentam manter esse ímpeto investindo pesado em um segundo produto ou serviço importante — uma sequência de tudo o que as tornou bem-sucedidas originalmente. Mas a maioria tem dificuldade em ser inovadoras em série. Elas podem tropeçar em um ótimo produto e, em seguida, assumir que podem facilmente fazê-lo de novo. É preciso honestidade intelectual e humildade para admitir quão grande foi a confluência de fatores que deu origem ao seu sucesso original. Só porque você encontrou ouro uma vez não significa que saiba como fazê-lo à vontade.

Um caminho de maior probabilidade de crescimento em escala é aproveitar seus pontos fortes comprovados a fim de adaptar sua oferta original para mercados adjacentes. No entanto, não se aventure muito longe se não precisar. Você pode expandir sua capacidade de vender e, ao mesmo tempo, aumentar seu mercado endereçável — sem tentar encontrar ouro pela segunda vez. Foi assim que continuamos a fazer a ServiceNow crescer. Ela já era uma *super grower* quando entrei, mas ainda tinha muito espaço para expandir sua oferta principal.

Ficamos sabendo desde o início que os departamentos de recursos humanos poderiam usar uma plataforma de gerenciamento de serviços como a ServiceNow, embora tivéssemos projetado nosso produto para pessoas que executam operações de TI. Não falávamos a língua do RH, muito menos sabíamos como vender ou comercializar para profissionais dessa área. Mas, uma vez que tivemos uma indicação de que esse poderia ser um mercado enorme, nos voltamos para o RH. Contratamos novos vendedores com experiência em RH e mudamos nossa terminologia; por exemplo, o que o pessoal de TI chama de "incidente", o pessoal de RH chama de "caso". Pequenas mudanças como essa eram relativamente fáceis em todos os níveis, desde o design do produto até as áreas de vendas, marketing e serviços. Criamos uma unidade de negócios separada para o RH a fim de que pudéssemos acompanhar suas métricas separadamente. Essa unidade teve um desempenho brilhante, e ainda o tem até hoje.

Encorajados, lançamos a plataforma ServiceNow em mais meia dúzia de novos domínios de serviço, usando nossa experiência de RH como modelo. Presumimos que alguns desses experimentos adicionais falhariam, mas todos deram certo. Nosso movimento de venda incorporou todas essas jogadas. Nós nos referimos a isso como "vários tacos na bolsa".

Um negócio no qual resisti a entrar foi o suporte ao cliente, que ficava bem longe de onde estávamos. Os centros de atendimento ao cliente são, por definição, muito mais orientados para o consumidor do que o suporte interno de TI, com volumes muito maiores de interações. Mas, como já usávamos o ServiceNow internamente para lidar com o suporte para nossos próprios clientes, tínhamos algo a favor para tentar. E funcionou bem para nós. Apesar de minha relutância inicial, cedi à forte defesa interna de vários membros de minha equipe de liderança, que acabou por estar certa. Construímos nossa oferta de atendimento ao cliente digital de ponta a ponta no que chamamos de "serviços de negócios globais".

Todos esses diferentes projetos rodando, e todas as variações de nossa oferta original, resultaram em um tremendo crescimento em escala, bem como em um grande aumento em nosso valor de mercado. A ServiceNow levou doze anos para chegar a US$1 bilhão em receitas, mas apenas dois anos mais para chegar a US$2 bilhões. Warren Buffett se referiu a isso como o "efeito bola de neve" — escala gera mais escala. Com US$10 bilhões em receita, se você descobrir como crescer apenas 10%, ganhará outro bilhão em um ano.

Reduzindo os Custos do Crescimento

A Snowflake foi outra *super grower* quando entrei em 2019, mais perto de triplicar do que de dobrar suas receitas ano a ano. As indicações eram de que esse era um produto incrivelmente atraente em um mercado que precisava muito dele. A demanda foi reprimida e frustrada por plataformas legadas inadequadas, e foi fácil mostrar aos clientes que poderíamos oferecer melhorias dramáticas em seus resultados. Basicamente, nossos vendedores tinham que dizer: "Experimente, você vai gostar." Uma combinação de enorme demanda e um produto atraente nos deram a tempestade perfeita para um maior crescimento.

O desafio de crescimento nesse caso foi sustentar essa trajetória hiperbólica em escala. Enquanto a Snowflake estava jogando muita lenha na fogueira, seus custos de vendas e de marketing ainda excediam 100% da receita. Eu sei que disse anteriormente que o crescimento deve ser priorizado sobre a lucratividade, mas, quando custa muito mais do que um dólar para gerar um dólar, você realmente não tem um negócio. Esse não era um problema que superaríamos com naturalidade, como a empresa acreditava anteriormente. Em vez disso, nos concentramos em corrigir a má alocação de recursos, para tornar todo esse crescimento dramático mais próximo da lucratividade.

Primeiro, precisávamos equilibrar os planos de remuneração da Snowflake com disciplina financeira. Há um elemento organizacional nisso: você simplesmente não pode deixar sua função de vendas executar seus próprios planos de remuneração. Isso é como deixar a raposa dirigir o galinheiro. Os planos de remuneração precisam ser modelados com precisão em relação às receitas para ver quais serão os efeitos em vários níveis de desempenho. Os incentivos também precisam estar alinhados aos objetivos da empresa, não apenas ao vendedor W-2. A empresa, naquela época, não permitia contratos plurianuais, algo que mudamos quase que imediatamente. Por causa de toda essa dinâmica, muitas vezes exagerávamos com os clientes, contratando mais do que eles precisavam. Os clientes não se importavam, porque tinham uma opção de rollover de custo nominal de ano para ano. Mas isso afetou negativamente nosso desconto médio e prejudicou a receita em períodos subsequentes, porque os clientes ainda estavam carregados com capacidade de processamento.

Também precisávamos equilibrar os contratos com o consumo. Os vendedores só se importavam com os valores dos contratos porque era com isso que eram pagos. Mas a empresa se preocupava apenas com o consumo, porque era isso que se traduzia em receita. Trazer equilíbrio a essa equação começou a alinhar os custos de vendas com as receitas.

Não posso enfatizar o suficiente como é importante ter forte supervisão financeira e disciplina na remuneração de vendas. Você pode ficar tentado em algum momento a tornar seus planos de remuneração mais generosos para recrutar e reter os melhores talentos de vendas, mas abandonar o rigor financeiro pode ser um erro fatal — não apenas durante os estágios de planejamento de cada ano, mas todos os dias, literalmente de uma venda a outra.

13

Fique Aguerrido Enquanto Você Aumenta a Escalabilidade

O Paradoxo da Escalabilidade

Uma armadilha em que os líderes geralmente caem é não se ajustar ao ciclo de vida natural de uma empresa à medida que ela cresce e evolui. Se você tentar administrar uma empresa madura de quinhentas pessoas como uma startup de dez pessoas, quase certamente fracassará. Mas, paradoxalmente, se perder toda a garra de uma startup de dez pessoas, sua empresa madura pode nunca atingir todo seu potencial.

Vejamos as três principais fases do desenvolvimento de uma empresa e o que é exigido da liderança em cada etapa.

A Empresa Embrionária

Na fase embrionária de uma startup, o capital semente é aplicado para avaliar a viabilidade de uma ideia, seguido por rodadas subsequentes de financiamento para construir o produto inicial. A equipe geralmente é um grupo pequeno e unido que está focado na construção do primeiro produto. Sempre me surpreendeu o quanto pode ser realizado com uma equipe fundadora de menos de uma dúzia de pessoas, geralmente, apenas meia dúzia. Você nunca mais revisitará esses níveis de produtividade.

Nesse ponto, o cargo de CEO é mais ou menos um cargo de meio período para alguém que também é líder de uma função-chave, como tecnologia ou operações. Todo mundo está trabalhando, não gerenciando. Também não é incomum ver CEOs externos em meio período, como parceiros de empresas de capital de risco, porque as demandas de liderança ainda não são enormes. Na Data Domain, por exemplo, nosso principal fundador, Dr. Kai Li, era o líder, enquanto a equipe criava o produto, mas ele nunca se preocupou em assumir o cargo de CEO. Ele foi auxiliado por nossos principais investidores em duas empresas de capital de risco, NEA e Greylock. Foi só cerca de dezoito meses após a fundação da empresa que fui contratado como o primeiro CEO da Data Domain.

A Empresa Formativa

A fase formativa começa quando há produto suficiente para começar a testar o mercado. Você pode finalmente se conectar com clientes em potencial, deixando-os ver, tocar e cheirar o produto. Você pode obter feedbacks valiosos e experimentar modelos de preços e suporte. O objetivo nessa fase é descobrir se você realmente tem um produto viável ou apenas uma tecnologia em busca de um problema para resolver.

Nesse ponto, o desafio da liderança é maior, porque você precisa tomar grandes decisões sobre como precificar, posicionar, vender e promover seu produto. O número de funcionários está começando a subir, o que introduzirá desafios de RH. Uma rápida expansão de recursos acelerará sua queima de caixa, frequentemente de forma muito rápida. Como observei no capítulo sobre o aumento das vendas, não faz sentido contratar dez vendedores quando você ainda não sabe como tornar um vendedor produtivo. Mas, com o generoso financiamento de startups nos últimos cinco anos, as restrições de gastos saíram pela janela, muitas vezes incentivadas por membros do conselho e investidores.

O estágio formativo é traiçoeiro e objeto de muito estudo e análise por especialistas em gestão. De maneira notável, como mencionado anteriormente, o consultor Geoffrey Moore cunhou o termo "cruzar o abismo" em 1991 para descrever as atividades e os desafios únicos associados a essa fase da evolução de uma startup. Muitas empresas chegam longe o suficiente para atrair alguns adotantes iniciais e têm financiamento suficiente para buscar um mercado muito maior. Mas então elas caem no abismo entre atrair um público de nicho estreito e construir uma base de clientes grande e sustentável.

A principal coisa a lembrar é que você não pode entrar na base da força bruta em nenhum mercado. Se você se deparar com uma resposta mais opaca no início, é hora de voltar à prancheta, entender o feedback e descobrir seu próximo conjunto de movimentos. Tentar dobrar ou triplicar os gastos para atravessar o abismo é uma receita para o desastre.

A hora de abrir as comportas é quando tiver passado pelo abismo e estiver confiante de que aumentar as vendas e o marketing converterá uma massa crítica de novos clientes. Ironicamente, muitas startups gastam demais durante o estágio de formação, mas ficam com pouco dinheiro quando realmente precisam dele no próximo estágio. Você saberá quando for a hora de acelerar, quando os clientes estiverem praticamente arrancando o produto de suas mãos. Se você se sente sobrecarregado pela demanda, precisa se ajustar mentalmente ao próximo estágio de desenvolvimento.

A Empresa Escalada

Escala é maximizar o crescimento construindo processos e modelos de execução repetíveis e eficientes. Não estamos mais aprendendo o básico; atingimos com sucesso a adolescência, se não a idade adulta, e agora precisamos começar a agir como tal.

Para algumas empresas, como a Data Domain, o estágio formativo leva anos até que o produto melhore o suficiente para atrair um grande mercado. Mas, como gastamos muito tempo para nos preparar para a escala, nossa equipe de gerenciamento estava sólida, nossa cultura estava bem estabelecida, e estávamos prontos para mudar e começar a aplicar recursos maciços a fim de impulsionar nosso crescimento.

Para outras empresas, como a ServiceNow e a Snowflake, o abismo era apenas um pequeno obstáculo. Os produtos estavam tão bem adaptados aos seus respectivos mercados, que viram uma rápida adoção quase desde o início. Talvez rápido demais, porque as equipes dessas empresas estavam mal preparadas para entrar no estágio de expansão. Tanto a ServiceNow quanto a Snowflake, inicialmente, lutaram para fazer essa transição.

A ServiceNow ainda estava conservando recursos quando entrei, embora evidentemente tenha cruzado o abismo da viabilidade. Tinha caixa positivo e havia feito um caixa significativo a partir das operações. Mas a empresa estava literalmente se sufocando ao subfinanciar funções-chave. Como mencionei no capítulo de vendas, entramos e saímos daquele ano com exatamente o mesmo número de vendedores com metas, embora o negócio tenha quase dobrado durante o ano. Era como se a empresa se recusasse a avançar para o estágio de expansão.

Da mesma forma, quando entrei na Snowflake, ela ainda estava se comportando como se estivesse tentando sobreviver ao abismo, embora tivesse claramente saído do estágio formativo com base em seu crescimento meteórico e na aceitação de seu produto. Os gastos eram generosos e aleatórios. Embora estivéssemos queimando US$200 milhões por ano em custos, a Snowflake ainda financiava com prazer viagens de esqui para toda a empresa em Lake Tahoe, como se ainda fôssemos apenas meia dúzia de amigos que cabiam em alguns carros. A eficiência operacional e a eficiência de caixa eram sombrias. Não havia plano para escalar operacionalmente.

Às vezes, o estágio formativo pode ser tão fascinante, que é difícil para os líderes seguir em frente. Não queremos deixar de lado o romance e a emoção daqueles primeiros dias. É quase como querer continuar andando pelo idílico *campus* da faculdade após a formatura, em vez de enfrentar as responsabilidades do mundo real.

Eu mesmo tenho sido culpado de esperar muito tempo para adicionar recursos essenciais. Na Data Domain, administrei a empresa até uma taxa de execução de US$50 milhões antes de contratar um CFO. Eu costumava contratar executivos seniores com moderação naquela época, preferindo contratar mais pessoas de nível inferior para fazer o trabalho do que pessoas seniores para supervisionar o trabalho. Isso foi claramente um erro, como percebi quando contratamos Mike Scarpelli como nosso primeiro CFO. Até então, eu não tinha ideia de quanto valor um chefe de finanças de primeira linha poderia agregar! Mais tarde, certifiquei-me de trazer Mike comigo como CFO (e meu parceiro de confiança) em nossas próximas duas empresas: ServiceNow e Snowflake.

Agarre-se ao Seu Dinamismo Inicial

É útil distinguir entre esses estágios de evolução porque os modos operacionais são muito diferentes. Muitos líderes fracassam porque se apegam a velhos hábitos depois de terem mudado de marcha. Os CEOs e os conselhos precisam estar cientes dos sinais de perigo de que uma equipe de liderança está presa em um estágio inicial de desenvolvimento.

Em uma startup embrionária, você vive de incertezas; seus instintos e reflexos são primitivos, quase como um animal selvagem. Sempre que contrato alguém nesse estágio, procuro um impacto direto, não uma abordagem altiva ou abstrata dos negócios. Mas alguém que se destaca em fazer as coisas em um ambiente embrionário pode ter dificuldades em uma empresa madura, onde há muitos sistemas e reuniões para retardar decisões espontâneas e orientadas por reflexos.

Por outro lado, quando você traz alguém que trabalhou anteriormente apenas para empresas multibilionárias e estáveis para uma startup tentando atravessar o abismo, a incompatibilidade pode ser épica. Vocês também podem estar em mundos diferentes. Por exemplo, na ServiceNow, certa vez contratei um executivo de uma empresa muito maior que vinha com boas credenciais. Mas ele continuou pressionando para contratar uma equipe enorme para seu departamento e lançar grandes programas, o que era inadequado para nosso estágio de desenvolvimento e completamente inacessível naquele momento.

Somos todos prisioneiros de nosso passado até certo ponto. Trazemos nossos pontos de referência, moldados por nossa combinação única de experiências, para qualquer nova função. Mas os líderes mais valiosos são aqueles que conseguem combinar a garra de um líder iniciante com a disciplina organizacional e diplomática necessária em uma grande empresa. Aqueles que podem aumentar ou diminuir conforme necessário. Aqueles que podem deixar de lado sua experiência quando necessário, aplicar os princípios primeiro e pensar nas situações em sua forma elementar.

A maioria das empresas perde seu aguerrimento original à medida que crescem. Elas perdem o olhar do tigre, o instinto de se concentrar incansavelmente nos principais impulsionadores do sucesso da empresa. À medida que adicionam cada vez mais camadas organizacionais e funcionários que não fabricam nem vendem o produto, fica mais fácil perder tempo com questões que não têm a mesma linha de visão com a missão da empresa. Muitos estrategistas, poucos executores radicais. As distrações não faltam, a ponto de algumas empresas perderem até o cliente de vista.

Sua missão como líder é descobrir como manter seu dinamismo inicial e evitar a letargia da massa e do volume. Uma técnica que uso é desafiar pessoas-chave com esta pergunta: "Se você pudesse fazer apenas uma coisa pelo resto do ano, o que seria e por quê?" A razão é que, à medida que as empresas crescem, elas começam a avançar em várias iniciativas simultaneamente. Antes mesmo de perceberem, as pessoas começam a se mover de forma arrastada e perdem o foco. Tente recuperar isso estreitando a abertura das prioridades.

Da mesma forma, pergunto às nossas equipes: qual é a única coisa que devemos fazer com urgência que não estamos fazendo por algum motivo? Isso é para evitar ficar muito absorto nas atividades do dia a dia e deixar de ver a floresta pelas árvores. Sempre seja paranoico sobre o que não está fazendo, mas que deveria estar. E, inversamente, o que você está fazendo de valor marginal, mas sobrecarregando formas mais essenciais de usar nosso tempo e recursos?

Por exemplo, nos primeiros dias da pandemia, muitas empresas anunciaram que estavam suspendendo viagens não essenciais. Por que foi necessária uma crise global para que elas analisassem de perto várias práticas e decidissem quais não tinham impacto significativo? Qualquer empresa que permaneça aguerrida, de qualquer tamanho, estará constantemente eliminando itens não essenciais de todos os tipos.

Parte VI

Transforme Sua Estratégia

14

Materialize Suas Oportunidades — a História de Crescimento da Data Domain

Grande parte de nossa discussão até agora tem sido sobre execução, desenvolvendo, em especial, um foco intenso na missão. Mas isso não significa que a estratégia não desempenhe um papel extremamente importante. Nos próximos três capítulos, veremos como a transformação estratégica ocorreu na Data Domain, na ServiceNow e na Snowflake.

Lições Estratégicas da Data Domain

Nossos anos na empresa renderam aprendizados estratégicos formativos que tiveram grande influência em nossas experiências subsequentes na ServiceNow e na Snowflake.

A Data Domain era uma empresa de armazenamento de dados fundada em 2001 que oferecia aos clientes empresariais uma matriz capaz de filtrar segmentos de dados redundantes em tempo real. Em casos de uso como backup e recuperação de dados, obteve eficiência e velocidade extremas, em comparação com as bibliotecas de fitas e sistemas de automação que anteriormente dominavam esses mercados. Por exemplo, uma matriz Data Domain pode conter cinquenta backups completos em um espaço de armazenamento que antes comportava apenas um.

A tecnologia de fita remonta aos primeiros dias da computação. As unidades de fita eram baratas, em comparação com as unidades de disco, e tinham a vantagem de que uma fita podia ser ejetada de uma unidade, enviada para outro local por segurança e, por fim, retirada para fins de recuperação. Durante décadas, o setor de segurança de dados foi composto por empresas que fabricavam fitas, drives, carregadores e armazenamento de bibliotecas e ofereciam aos clientes automação, logística, remessa e armazenamento de fitas.

Em seguida, a pequena Data Domain, com seu grito de guerra de "A fita não presta! Vamos em frente!", ameaçava perturbar todo o ecossistema. As pessoas riram desse slogan atrevido, mas nossa ousada startup foi bem-sucedida. Vejamos os motivos.

Dica 1: Ataque a fraqueza, não a força.

Incumbentes populares são difíceis de atacar, mas, nesse caso, ninguém realmente gostava de sistemas de automação de fita. O pessoal de TI que ganhava a vida gerenciando esses sistemas consistia em profissionais de baixo escalão dentro de suas empresas, presos a uma tecnologia equivalente à limpeza de banheiros. Não surpreendentemente, eles não eram apaixonados por seus empregos. Metade das vezes em que tentavam uma recuperação, eles não conseguiam localizar uma sequência de fita inteira ou correta, ou as fitas falhavam ao carregar, ou se tornavam ilegíveis. Nossos adesivos de para-choques "Fita não presta" eram frequentemente colados em máquinas de biblioteca de fitas em feiras de armazenamento de dados.

Dica 2: Crie uma vantagem de custo ou neutralize a de outra pessoa.

Quando as empresas estão tomando grandes decisões de compra, geralmente elas não se importam com como seu pessoal de TI se sente em relação a um produto ou a outro. Imperativos econômicos governam.

Todos conheciam as vantagens inerentes dos discos mecânicos: eles eram rápidos, confiáveis e fáceis de lidar. Infelizmente, eles eram caros. A fita tinha uma vantagem de custo insuperável de 10:1 em relação à matriz de disco mais barata da época. Mas, então, a Data Domain quebrou essa blindagem com sua capacidade de desduplicação em linha incorporada e altamente eficiente. Os sistemas de automação de fita geralmente faziam backup dos mesmos dados, dia após dia, ainda que o cliente tivesse alterações mínimas de um dia para o outro. Por exemplo, um primeiro backup pode ser compactado a uma taxa de, digamos, 70% ou mais, mas o segundo backup aumentaria o espaço de armazenamento em apenas alguns pontos percentuais, se tanto, porque apenas os segmentos exclusivos, e que eram novos em relação ao dia anterior, seriam armazenados. Cada backup diário subsequente faria a mesma coisa: aumentaria apenas marginalmente o espaço de armazenamento com segmentos que eram novos naquele dia. É por isso que a tecnologia de desduplicação desenvolvida pela Data Domain foi capaz de alterar permanentemente o cenário de backup e recuperação de dados.

Como os discos podiam compactar e desduplicar drasticamente os dados, a vantagem de custo dos sistemas de fita evaporou, superando a única razão pela qual um cliente poderia preferir a fita.

Dica 3: É muito mais fácil atacar um mercado existente do que criar um novo.

Criar as chamadas novas categorias do nada é o tema favorito de coquetéis entre os profissionais de marketing, mas isso não acontece com tanta frequência. (A Apple costuma ser a exceção, com inovações definidoras de categorias, como o iPod e o iPad.) Quando um mercado realmente novo aparece, em geral é devido a uma confluência de fatores e circunstâncias de todo o setor, não às inovações de apenas uma empresa.

A oportunidade da Data Domain estava bem definida; consistia em todo o mercado de automação de fitas, que valia bilhões de dólares em gastos anuais. Embora nossos clientes em potencial já tivessem relacionamentos arraigados com nossos concorrentes, pelo menos sabíamos exatamente quem estava tomando as decisões de armazenamento de dados nessas empresas e quanto eles estavam gastando. Em outras palavras, sabíamos exatamente em quais portas nossos representantes de vendas deveriam bater, e essas pessoas com certeza entenderiam do que estávamos falando. Elas não seriam um público fácil, mas eram conhecedores o suficiente para dar uma consideração justa a uma oferta potencialmente superior.

Tentamos nomear essa nova categoria de armazenamento nós mesmos, mas, mesmo sendo o líder no espaço emergente, o mercado ignorou nossas tentativas de nomear a nova categoria e seguiu em outra direção. Tivemos que nos esforçar ao máximo para ficar à frente da rápida mudança para os discos. Finalmente, acabamos dominando o mercado, adotando a nomenclatura que já havia se tornado a corrente principal.

Dica 4: Os adotantes iniciais compram de forma diferente dos adotantes posteriores.

A desvantagem de qualquer mercado estabelecido é o atrito criado quando novas maneiras de fazer as coisas desafiam as tradições reconfortantes que podem durar décadas. Profissionais mais velhos e conservadores em qualquer campo podem temer que uma tecnologia nova ameace sua segurança no emprego e seus meios de subsistência. Mas os profissionais mais voltados para o futuro (e muitas vezes mais jovens) ficam empolgados com a inovação revolucionária e mal podem esperar para experimentá-la. É isso que impulsiona a distinção entre adotantes iniciais e tardios, explicado de forma tão brilhante no livro de referência de Geoffrey Moore, *Atravessando o Abismo*. Se tentar vender para ambos os grupos da mesma maneira, é muito provável que você falhe.

A principal estratégia é mirar primeiro nos adotantes iniciais, porque eles (e suas empresas) estão mais à vontade em arriscar uma tecnologia empolgante, mas ainda não comprovada. Eles também são avaliadores astutos de novas tecnologias, ansiosos para mudar as coisas para melhor e depois mostrar a seus colegas como são inovadores.

Os adotantes tardios — uma área muito maior sob a curva — são motivados pela minimização de riscos e custos. Eles não têm interesse em ser o primeiro garoto do pedaço com alguma nova tecnologia legal. A definição de cruzar o abismo é construir uma boa base de adotantes iniciais satisfeitos, que podem, então, ser usados como exemplos para tranquilizar os adotantes tardios. É preciso fazer um caso irrefutável de que sua nova solução é segura e econômica. Nesse momento, o mercado mais amplo se tornará acessível ao seu produto.

Dica 5: Fique perto de casa no início.

Se você não consegue vender perto de casa, certamente falhará mais longe. Quanto mais próximos estiverem seus primeiros clientes, mais facilmente poderá se comunicar com eles e obter feedback útil. Você também pode atrair clientes próximos com mais recursos e atenção. Por isso que não é por acaso que as empresas do Vale do Silício são especialmente propensas a lançar perto de casa. As empresas de tecnologia locais são espíritos irmãos, conhecedoras de tecnologia e adotantes iniciais clássicos. Elas também estão bem conectadas e propensas a conversar com seus amigos e conhecidos em outras empresas.

A Data Domain trabalhou duro para construir um núcleo de cerca de cinquenta clientes no norte da Califórnia antes de tentarmos expandir para territórios mais remotos. Como vendíamos uma matriz de disco físico que precisava ser instalada em rack e configurada no local em um data center do cliente, preferimos ficar em um raio de 80km de nossos escritórios. Poderíamos apenas dirigir até o cliente com uma unidade no porta-malas de um carro. Se o cliente precisasse de uma unidade trocada ou swap em um disco, poderíamos retornar rapidamente a qualquer momento.

As empresas que tentam vender em nível nacional, ou mesmo internacional, desde o início, muitas vezes se espalham muito, criando uma séria pressão sobre suas operações.

Dica 6: Construa todo o produto ou resolva todo o problema o mais rápido possível.

Se você oferece uma solução parcial que exige que seus clientes busquem o restante da solução em outro lugar, está facilitando para um concorrente preencher a lacuna que você deixou em aberto. Tente entregar uma solução completa para que não fique tão vulnerável a ponto de ser substituído.

Para concretizar a oportunidade da Data Domain, nosso produto teve que escalar do maior para o menor cliente, não apenas operacional, mas também economicamente. Não conseguimos fazer isso nos primeiros anos, mas nossa estratégia estava focada em oferecer uma solução mais completa o mais rápido possível. Nossa matriz de disco foi construída como um sistema de armazenamento de arquivos, o que tornou mais difícil para os produtos de software de backup (vendidos por terceiros) conduzirem nosso armazenamento. O software de backup era totalmente adaptado aos sistemas de automação de fita porque todos faziam backup em fita.

A mentalidade de fita estava tão arraigada, que algumas empresas construíram matrizes de disco que emulavam bibliotecas de fitas, conhecidas como bibliotecas de fitas virtuais [VTL em inglês]. O software de backup poderia lidar com fitas ou discos que emulassem fitas, mas não discos que simplesmente se apresentassem como discos. Outro problema: muitos clientes ainda queriam fazer fitas de backup que seriam armazenadas fora do local em caso de incêndio, inundação ou outro desastre. Velhos hábitos custam a morrer. Você pode se recuperar da corrupção de dados com um backup local, mas qualquer calamidade que acabe com um data center inteiro também destruiria os sistemas de backup. Assim, as pessoas trataram o backup como um processo de duas etapas: faça o backup a cada 24 horas e, em seguida, mova-o para um local externo seguro o mais rápido possível.

A Data Domain foi pioneira em uma solução — replicação de rede — que mesclava essas duas etapas. Um backup no local (ideal para recuperação imediata) foi copiado e movido por uma rede para outro data center (para recuperação de desastres). A replicação de rede se beneficiou ainda mais da eficiência de desduplicação de nosso produto, porque as redes só podem mover pequenas quantidades de dados por vez. Ao transferir apenas segmentos de dados novos e exclusivos desde o backup do dia anterior, conseguimos resolver todo o problema e não dar abertura aos nossos concorrentes. A Data Domain começou com um produto limitado, mas, ao preencher sistematicamente lacunas e buracos, nos tornamos difíceis de ser atacados.

Dica 7: Aposte nas tecnologias capacitadoras corretas.

A Data Domain tinha uma vantagem superimportante: foi construída do zero como uma folha de papel em branco, projetada para fazer exatamente o que pretendíamos. Queríamos focar mais o armazenamento do que o backup e a recuperação, o que atrairia os clientes, porque o armazenamento era a tecnologia principal, enquanto o backup e a recuperação eram apenas uma aplicação dessa tecnologia.

Nossa estratégia baseou-se nos microprocessadores Intel, que estavam se desenvolvendo rapidamente em preço e desempenho. Os discos, por outro lado, demoraram a melhorar o desempenho porque são dispositivos eletromecânicos. Sabíamos que seria uma estratégia perdedora tentar competir em desempenho apenas confiando no desempenho aprimorado do disco. Mas essas CPUs da Intel evoluíram tão rápido ao longo dos anos, que a Data Domain conseguiu, por fim, transmitir dados desduplicados mais rapidamente do que outros poderiam transmitir dados brutos, duplicados e tudo mais.

Outra aposta importante: não queríamos construir uma interface de biblioteca de fitas virtual, porque sabíamos que era uma tecnologia de transição de curto prazo, mas oferecemos VTLs de qualquer maneira. Sabíamos que os clientes acabariam abandonando essas interfaces, mas precisávamos nos igualar a nossos concorrentes que ofereciam VTLs.

Dica 8: Arquitetura é tudo.

Esta pode ser muito técnica, mas já vimos isso acontecer repetidamente em nossas empresas. Pense muito sobre a arquitetura ideal para o seu produto antes de lançá-lo.

A Data Domain executou o processo de desduplicação "em linha", o que significa que o sistema classificou os segmentos duplicados antes de gravar os dados no disco. Isso foi incrivelmente difícil de fazer com velocidade, o que acabou sendo nosso ás na manga. Nossos concorrentes estavam oferecendo a desduplicação como pós-processo; primeiro, eles copiavam dados brutos para um disco e, em seguida, acionavam um segundo processo para eliminar redundâncias. Além da complexidade e dos custos adicionais, há apenas 24 horas em um dia antes de um ciclo de backup começar novamente. Com os volumes de dados crescendo velozmente, esse processo de duas etapas provavelmente se tornaria impraticável em um único dia.

A Data Domain não apenas colocou os dados em disco já desduplicados, como também começou a replicar o backup fora do local enquanto o processo de backup principal ainda estava em andamento. A beleza de nossa arquitetura de software permitiu que ela andasse e mascasse chiclete ao mesmo tempo. Criamos outro slogan de marketing para divulgar essa vantagem: "Ande na linha."

Dica 9: Prepare-se para transformar sua estratégia antes do esperado.

Apenas ganhar seu mercado não é suficiente. Como você sustentará sua trajetória depois de fazer isso? Qual será seu próximo ato? Como você expandirá seu mercado endereçável? Você vai mesmo reconhecer a necessidade de mudar sua estratégia antes de dar com a cara na parede?

Há sempre uma tensão estranha entre executar seu plano de negócios atual e traçar sua mudança estratégica subsequente. Se você for um CEO amplificado, como eu era na Data Domain, terá dificuldade em levantar a cabeça para levar em conta considerações de longo alcance, como encontrar novos mercados endereçáveis para sustentar seu crescimento. É como tentar colocar novos trilhos na frente de uma locomotiva em alta velocidade — difícil demais para desacelerar.

Enquanto estávamos ocupados demais construindo nosso produto, vendendo para nossos clientes e lutando contra a concorrência, comecei a ter preocupações incômodas sobre nosso futuro. Ainda assim, eu estava indevidamente fixado na jogada que estávamos executando no momento e tentando de todas as formas não deixar a bola cair. Não era apenas uma questão de foco. O mercado em que tivemos sucesso além de nossas expectativas mais loucas era bloqueado, o que significa que não tinha adjacências de fácil acesso. Já havíamos invadido as adjacências mais fáceis, como replicação de rede e recuperação de desastres.

Precisávamos entrar no software de backup como uma categoria, porque esse era o software que impulsionava nossa matriz de disco. Isso forneceria oportunidades para inovar ainda mais, trazendo software de backup para a geração de disco e rede, totalmente integrado à matriz de disco. Imaginamos que poderíamos facilmente dobrar ou triplicar nosso runway dessa maneira. Exploramos opções para adquirir software de backup, mas não conseguimos encontrar uma solução adequada. As empresas de software de backup também vinham em nossa direção, buscando invadir nossos mercados. Elas viram a mesma oportunidade que nós, mas eram maiores e mais bem capitalizadas.

A outra via que exploramos foi entrar no mercado primário de armazenamento de dados. Havia outras maneiras de abordar a proteção de dados e a recuperação de desastres além dos produtos de software de backup, e algumas empresas, como a NetApp, já vendiam o que chamavam de soluções de snapshot, que capturavam um instantâneo de um volume de dados e o usavam como cópia de backup.

A Data Domain teve um desempenho extremamente bom em seu negócio principal e lutamos contra as maiores empresas de armazenamento de dados do mundo enquanto elas tentavam nos desacelerar a cada passo. Mas, por mais ocupados que estivéssemos ampliando nossa liderança, não prestei atenção suficiente ao contexto estratégico mais amplo. À medida que o mercado se desenvolveu rapidamente, os incumbentes reagiram à mudança na tecnologia, e todos os fabricantes de bibliotecas de fitas e matrizes de discos também entraram no jogo. Todos eles tentavam alavancar seus produtos, tecnologias e incumbências existentes contra nós.

O Fim da História da Data Domain

Em última análise, tínhamos as ideias certas para expandir além do nosso mercado principal, mas não conseguíamos executá-las. A Data Domain foi adquirida pela EMC após uma guerra de lances contra a NetApp em 2009. A EMC era uma forte candidata porque já tinha software de backup e era a maior empresa de armazenamento de dados do mundo. A Data Domain expandiu-se massivamente quando teve o benefício de recursos adicionais sob o guarda-chuva da EMC, o que comprovou nossa tese. Hoje, como parte da Dell Technologies, a Data Domain ainda representa um negócio multibilionário.

Por mais bem-sucedida que a Data Domain tenha sido, sua incapacidade de se transformar estrategicamente me incomodou desde então. As questões que enfrentamos em escopo, expansão e runway agora me preocupavam. Como líder, você precisa ter tempo para avaliar essas questões desde o primeiro dia; não espere que a onda de negócios urgentes se acalme.

Eu provavelmente não teria ingressado na ServiceNow se não tivesse visto uma oportunidade muito maior do que a que a empresa representava na época. Esse é o assunto do próximo capítulo.

15

Amplie a Abertura — a História da Expansão da ServiceNow

Minha Introdução à ServiceNow

Saindo da experiência da Data Domain, continuei refletindo sobre os desafios estratégicos que enfrentamos e o que poderíamos ou deveríamos ter feito de forma diferente. A venda para a EMC foi um ótimo resultado para qualquer padrão econômico, mas um CEO não pode deixar de pensar que abortou a missão quando uma empresa é vendida. (Eu nunca tinha vendido uma empresa antes, nem vendi depois.)

Tudo isso influenciou minha perspectiva sobre a ServiceNow quando comecei o processo de entrevista para me tornar o CEO no início de 2011. Desde 2004, a ServiceNow acumulou recorde de crescimento sob seu fundador e primeiro CEO, Fred Luddy. A empresa havia consumido apenas um valor nominal de capital, tinha fluxo de caixa positivo e estava perto de dobrar em uma base anual.

O fundador e muitos dos primeiros funcionários vieram de outra empresa ambiciosa de San Diego, a Peregrine Systems, que também fez negócios com software de gerenciamento de serviços de TI. A Peregrine Systems faliu em 2003, uma raridade no mundo do software, e a ServiceNow era como uma Fênix renascendo das cinzas. Ela ofereceu uma grande melhoria na base instalada legada de produtos de software de gerenciamento de serviços existentes.

No início, eu não sabia muito sobre software de gerenciamento de serviços, mais popularmente conhecido como "software de gerenciamento de helpdesk" ou "sistemas de emissão de tickets". Sempre que um usuário registrava uma solicitação ou um incidente, o sistema emitia um ID de rastreamento como um ticket virtual. Eu não estava superempolgado com essa categoria, nem os analistas e os especialistas da indústria de software. Ela era vista como uma categoria sonolenta e chata. Um analista se referiu a isso como a "última batalha", sugerindo que a categoria logo deixaria de existir completamente. Mas, depois de um olhar mais atento, quatro fatores despertaram meu interesse.

Como Identificar uma *Super Grower* em Potencial

Primeiro, fiquei surpreso com a extraordinária taxa de crescimento da ServiceNow em 2011. Algo raro e especial deve estar acontecendo quando uma empresa pode acumular ganhos tão grandes ano após ano.

Em segundo lugar, as empresas estabelecidas nesse mercado, HP e BMC, não eram populares entre os clientes. Seus produtos eram antigos, arquitetonicamente deficientes, complicados e difíceis de dar suporte. Lembre-se de um dos tópicos do capítulo anterior: é sempre melhor atacar a fraqueza do que a força. A ServiceNow parecia ter uma oportunidade de ouro para conquistar os clientes dessas empresas impopulares.

Lembro-me de conversas posteriores com executivos de várias grandes instituições que estavam literalmente implorando pela chance de substituir seus antigos sistemas de emissão de tickets pela ServiceNow. Simplesmente ainda não estávamos prontos para sua escala de operação, mas eles queriam que tentássemos de qualquer maneira. Sabendo que essa intensidade de demanda era quase sem precedentes, nunca nos afastamos de nenhum projeto, por mais assustador que fosse.

O terceiro fator que despertou meu interesse foi uma conversa com o fundador Fred Luddy, que revelou que o software da ServiceNow estava começando a ser aplicado para casos de uso completamente diferentes, além do gerenciamento de serviços de TI. Os departamentos de recursos humanos e gerentes de eventos descobriram e gostaram do software. Isso significava que ele tinha os ingredientes de uma plataforma de fluxo de trabalho genérica que poderia abordar qualquer domínio de serviço. Os clientes viram algo que analistas de software e especialistas do setor não viram: ela era uma plataforma, não uma ferramenta. Uma ferramenta é um mágico de um truque só, mas uma plataforma é amplamente capaz de muitos usos diferentes.

Isso realmente importava porque eu temia uma repetição do cenário da Data Domain, no qual um mercado em um dado momento atinge a saturação e não há maneiras óbvias de expandir e sustentar a trajetória de crescimento. Eu nunca quis repetir aquela sensação de estar aprisionado. Como candidato a CEO, eu tinha apenas evidências incompletas e vislumbres do potencial futuro da ServiceNow, mas esses sinais eram encorajadores.

Por fim, o investidor de risco da empresa me mostrou os destaques de uma transcrição de todas as conversas que a empresa de capital de risco teve com os clientes no ano anterior. Esse é um procedimento operacional bastante padrão para a devida diligência do investidor. Tratava-se de um documento de sessenta páginas, repleto de citações e comentários entusiasmados de cima a baixo. Os clientes não apenas adoraram o produto, mas também adoraram o pessoal da ServiceNow. É raro ler elogios tão superlativos e consistentes sobre uma empresa.

Sempre que você toma uma grande decisão de carreira, é impossível saber tudo, mas agora eu sabia o suficiente sobre a ServiceNow. Eu estava dentro. Havia vários desafios operacionais pela frente, mas os fundamentos que vi em 2011 se manteriam espetacularmente ao longo da década seguinte.

Melhorando a Execução da Estratégia Original

Nos primeiros anos de meu mandato como CEO, focamos de forma consistente a execução, não a estratégia. Não havia nada inerentemente errado com a estratégia corrente, mas ainda não estávamos perto de executá-la em todo seu potencial. As finanças estavam deixando a empresa faminta por recursos, as vendas não conseguiam atingir suas metas de contratação, nosso serviço de nuvem não era altamente confiável e nosso departamento de engenharia estava anêmico em termos de recursos.

Como uma oferta de substituição de gerenciamento de helpdesk, a ServiceNow tinha muitas das mesmas vantagens que a Data Domain. Não estávamos criando uma categoria totalmente nova, apenas uma maneira muito melhorada de fazer as coisas. Nossos novos clientes em potencial tinham um centro de compras claramente identificado com orçamento, experiência relevante, abertura para troca e curiosidade sobre o que poderíamos oferecer a eles. Não foi difícil para nossos representantes conseguir reuniões ou trazer clientes em potencial para nossas demonstrações ao vivo. O contraste entre o que eles já tinham e o que a ServiceNow poderia oferecer era gritante.

O ServiceNow era mais elegante e simples de usar do que qualquer outro operador, ao mesmo tempo em que resolvia seus problemas mais irritantes. O sistema era dinâmico: os não programadores podiam alterar estruturas de banco de dados, fluxos de trabalho, relatórios, notificações e até mesmo a aparência de formulários que eram usados pelo pessoal de TI para criar incidentes e outras tarefas de TI. Isso era totalmente novo, em comparação com sistemas legados. O pessoal de TI moderadamente técnico agora podia fazer alterações todos os dias, algo inédito nessa classe de software na época. Antes do ServiceNow, as alterações nesses sistemas eram esporádicas, se não inexistentes: muito difíceis, caras, arriscadas e demoradas.

Fizemos muitos negócios, mas eles não eram grandes porque estávamos apenas licenciando o produto para pessoas que trabalhavam no helpdesk de TI. Além disso, nosso conjunto de recursos foi limitado a alguns módulos principais da estrutura da biblioteca de infraestrutura de TI (ITIL), o padrão do setor para gerenciamento de serviços. Em outras palavras, não estávamos licenciando usuários suficientes ou dando a eles funcionalidades suficientes. Adicionar mais de ambos tornou-se a base do modelo de crescimento da empresa nos primeiros anos de meu mandato.

Expandindo Nossas Oportunidades

À medida que enfrentamos esses desafios iniciais, novas oportunidades estratégicas começaram a surgir. Nossa primeira incursão no que chamo de "ampliar a abertura" foi posicionar a ServiceNow como o "ERP para TI". ERP é um acrônimo da indústria para "planejamento de recursos empresariais" [*Enterprise Resource Planning*, em inglês]. A TI nunca havia sido o que chamamos de "plataforma" — em outras palavras, não tinha uma plataforma de gerenciamento abrangente. As empresas executavam suas funções de TI aos poucos, por meio de planilhas e e-mail.

Nossa ideia era provocativa, mas não totalmente verossímil, porque ainda nos faltavam muitas funcionalidades e funções para concretizar a ideia de um ERP para TI. Tínhamos um plano para adicionar as partes que faltavam em nosso framework e testar as versões para alguns deles (como o Configuration Management Database, um sistema para armazenar registros de especificação de hardware e software), mas ainda não uma solução de primeira finalizada, madura e pronta para uso.

Assim que convencemos os executivos de TI de que toda a equipe de TI deveria ser licenciada nesse sistema, em vez de apenas as pessoas que trabalham em seu helpdesk, nosso mercado cresceu muito.

Assim como o tamanho de nossos negócios. Nosso argumento era simples: este produto não é apenas para pessoas de helpdesk resolvendo incidentes; é também para engenheiros de rede, administradores de sistema, administradores de banco de dados e desenvolvedores de aplicativos. Todos eles são parte integrante do fluxo de trabalho, e o da ServiceNow pode melhorar a qualidade e a velocidade de cada estágio do fluxo de trabalho. O pessoal do helpdesk estava direcionando as solicitações recebidas e acompanhando o status, mas o trabalho real estava sendo feito por outros especialistas que precisavam ser participantes plenos em nossa plataforma.

Corremos durante anos para preencher as lacunas, substituindo gradualmente todos os espaços reservados por produtos reais e transformando a visão em uma realidade completa. Os clientes gostaram da nossa estratégia, mesmo sabendo que ainda havia um caminho a percorrer. Nossa plataforma criou uma estrutura rica para várias outras funções e módulos. Era como uma tela à qual poderíamos continuar a adicionar mais inovações no futuro.

Um dos desafios mais incômodos foi fazer com que nosso próprio pessoal ultrapassasse sua mentalidade original de meramente construir ferramentas para funcionários de helpdesk. Alguns de nossos representantes de vendas estavam satisfeitos e à vontade vendendo para um nicho restrito de clientes e se perguntavam por que estávamos adotando uma estratégia mais ampla. Tentei convencer a todos que crescer era o único caminho para o sucesso em longo prazo. Comecei a usar expressões como "Desk" — abreviação de helpdesk — "é uma palavra de quatro letras" e "ferramentas são para tolos". A equipe teve que abraçar e dominar nosso posicionamento como plataforma, o que nos tornaria muito mais valiosos do que um fornecedor de ferramentas.

Tornando-se Público e Indo Além da TI

Quando tornamos a ServiceNow pública, em junho de 2012, a percepção de nossa oportunidade de mercado restrito limitou o valor de nosso IPO. Muitos investidores simplesmente não acreditavam que essa empresa teria êxito. O Gartner Group estava realizando os chamados "fireside chats" durante nosso roadshow de IPO, informando aos investidores que todo o nosso mercado endereçável totalizava apenas US$1,5 bilhão. Isso foi muito frustrante — como alguém poderia esperar que uma empresa negociasse com uma avaliação maior do que todo seu mercado? Só posso rir olhando para trás, depois que a ServiceNow se tornou uma das maiores empresas de software de crescimento mais rápido da história, com capitalização de mercado bem acima de US$100 bilhões. É por isso que você nunca deve dar muita importância às opiniões dos especialistas.

Em 2015, além de construir a plataforma principal de TI, conforme descrito antes, ampliamos ainda mais a abertura, expandindo para novos mercados que não tinham nada a ver com gerenciamento de TI. Mais notavelmente, como descrevi alguns capítulos atrás, encontramos um mercado muito receptivo nos departamentos de RH que precisam de ajuda para abordar questões e problemas dos funcionários. Também migramos para a cibersegurança, que combina profissionais de segurança e de TI em um fluxo único de trabalho.

Pessoalmente, resisti a adicionar suporte de atendimento ao cliente, que é um negócio muito diferente — orientado ao consumidor, de alto volume e distinto de qualquer um dos outros domínios que estávamos buscando. Achei que era ir longe demais, mas, como já estávamos usando o ServiceNow internamente para nosso próprio suporte ao cliente, tínhamos fortes defensores internos para adicioná-lo como outro novo mercado. Eu finalmente cedi, dei luz verde e descobri que eu estava errado. Nossa plataforma também funcionou muito bem para o atendimento ao cliente voltado para o consumidor.

Começamos a nos referir à nossa estratégia como "serviços de negócios globais" — basicamente uma única plataforma digital para todos os domínios de serviço. Você não precisava mais saber como navegar em uma organização para resolver seus problemas ou responder às suas perguntas. Os domínios de serviço tornaram-se experiências digitais. Por exemplo, em vez de ligar ou ir até o departamento de RH, como os funcionários faziam no passado, agora eles acessavam páginas internas de RH que serviam como um recurso abrangente para tarefas, informações, perguntas e problemas de RH. Lá eles poderiam encontrar respostas, bem como criar tarefas e outras unidades de trabalho para o departamento de RH responder e acompanhar.

Como mencionei no capítulo de crescimento, lançamos uma série de novas unidades de negócios em busca desses novos casos de uso e mercados. Não esperávamos que todos dessem certo, mas a maioria deu, e todos perseveraram. Até hoje, a ServiceNow continua a crescer rapidamente — e em escala considerável — continuando a se expandir para novas adjacências.

Sobrevivendo à Competição

Nossa paranoia persistente dos dias de Data Domain nos levou a superar o crescimento e a expansão na ServiceNow. Nunca queríamos ser pegos novamente no dilema estratégico de ficar sem mercados. E é uma coisa boa que tratamos "ampliar a abertura" como uma prioridade tão alta porque concorrentes como Atlassian, Zendesk, Cherwell e muitos outros vieram atrás de nós por uma vingança.

Uma ameaça estratégica foi a Salesforce, que deixou claro que eles viam nossa incursão no que chamavam de "nuvem de serviços" como um ato de guerra. Depois que nosso posicionamento se tornou mais amplo do que o de outras empresas no espaço de tickets de helpdesk, a Salesforce nos viu mais como uma ameaça. Estávamos trazendo o modelo de serviço de TI para novos domínios que a Salesforce também estava buscando. Nosso mantra — "Atendimento ao cliente é um jogo de equipe" — encorajou as empresas a adicionar participantes relevantes ao nosso fluxo de trabalho. Reunir todos os participantes relevantes em um único fluxo de trabalho tornou-se nosso diferencial em relação aos concorrentes tradicionais. Outros fornecedores treinaram seus sistemas no próprio departamento de serviço, deixando de fora os outros departamentos que deveriam contribuir para a resolução de um incidente, problema ou tarefa.

Em retrospecto, nossa estratégia construiu um fosso formidável contra nossos concorrentes que queriam entrar no negócio de gerenciamento de serviços. Muitos pensaram que poderiam construir um respeitável helpdesk ou um produto de gerenciamento de serviços para competir com a ServiceNow. Mas eles não perceberam que a ServiceNow derivava seu alto funcionamento de todos os outros módulos e subsistemas de valor agregado. Foi preciso muito mais do que um helpdesk para combatê-la.

Foi assim que encontramos fôlego para consolidar e fortalecer nossa posição em longo prazo. Em última análise, a verdadeira questão não é quão amplamente você pode expandir — é se pode se apegar aos novos mercados para os quais você se expande.

16

Mire as Estrelas — a História de Crescimento da Snowflake

Planeje a Próxima Mudança Antes de Achar Que Precisa de Uma

Quando entrei para a Snowflake, em abril de 2019, ela enfrentou desafios operacionais significativos, mas também enormes oportunidades. Neste terceiro estudo de caso de transformação estratégica, revisarei como a empresa evoluiu de seu posicionamento inicial para a trajetória mais expansiva em que embarcamos posteriormente. Vimos como era importante para a Data Domain e para a ServiceNow expandir seus mercados endereçáveis; a Snowflake enfrentou um desafio semelhante, apenas no contexto de diferentes questões e circunstâncias.

Cheguei pensando que tínhamos muito tempo para nos preparar para o futuro porque a empresa estava passando por um crescimento robusto. Mas, com o passar do tempo, ficou claro que os movimentos estratégicos que começamos a fazer desde o início não estavam apenas se adiantando a oportunidades futuras. Na verdade, mal chegaram a tempo e eram muito mais essenciais do que eu imaginava.

Isso ilustra um axioma de desenvolvimento de estratégia: você precisa pensar bem à frente da dinâmica atual em seu mercado. Se esperar até que a necessidade de uma mudança estratégica se torne extremamente evidente, pode ser tarde demais para lidar com isso. Antecipar como os mercados — e sua posição neles — evoluirão é absolutamente essencial. Nada permanece o mesmo, até quando você não faz nada. Confortar-se com um status quo favorável pode impedi-lo de avançar significativamente.

"O Data Warehouse Criado para a Nuvem"

O posicionamento original da Snowflake, quando entrou em cena em 2015, era o de um data warehouse, semelhante em conceito aos oferecidos por Teradata, Netezza, Oracle e Microsoft, mas construído exclusivamente para ambientes de computação em nuvem, como Amazon Web Services e Microsoft Azure. A Snowflake se ofereceu especificamente para substituir as plataformas de carga de trabalho de dados existentes por uma arquitetura melhor que permitia enormes ganhos de desempenho em relação ao que os clientes estavam experimentando. Na época, as empresas enfrentavam dificuldades com a capacidade de carga de trabalho e com as restrições de desempenho em suas plataformas de dados legadas, que eram executadas em seus próprios data centers no local.

Isso tinha conotações positivas e negativas. Por um lado, a Snowflake rapidamente se associou a um segmento reconhecível do mercado, o que facilitou muito seus esforços de vendas e de marketing. Os clientes em potencial entendiam o que ela estava tentando fazer, e havia um conjunto claramente definido de tomadores de decisão nas principais empresas e instituições que poderiam ser persuadidos a mudar para um novo data warehouse.

Mas, no lado negativo, à medida que a marca da Snowflake foi identificada com armazenamento de dados, ela começou a limitar as oportunidades de mercado da empresa. E não poderia deixar de ser manchada com o amplo pincel de limitações percebidas do armazenamento de dados, mesmo que a Snowflake tenha superado essas deficiências de maneira espetacular.

Teria sido fácil manter o que funcionou tão bem até aquele ponto. Mas corríamos o risco de nos tornarmos vítimas de nosso próprio posicionamento bem-sucedido ao extremo, que inadvertidamente nos ligava a uma definição limitada de nosso mercado, preso ao status quo do armazenamento de dados. Precisávamos de uma marca mais voltada para o futuro, compatível com nossos amplos recursos de plataforma, que agora iam muito além do armazenamento de dados básico.

Foi animador que nossos clientes com visão de futuro nos encorajassem a pensar além do status quo. Eles queriam fazer o máximo possível na plataforma Snowflake, incluindo cargas de trabalho mistas que combinavam recursos de processamento de dados operacionais e transacionais. Eles não queriam espalhar seus dados em várias plataformas, o que agravaria a governança de dados e o chamado silo de dados e aumentaria a complexidade operacional.

Entre no Data Cloud

No fim de 2019, lançamos uma nova estratégia, que chamamos de "Data Cloud". Embora não tivéssemos planos de interromper o oferecimento de serviços de data warehouse, que nos serviram tão bem, o Data Cloud expandiria os recursos operacionais de nossos clientes e resolveria as deficiências relacionadas à carga de trabalho do data warehouse legado. As plataformas tradicionais de data warehouse eram arquiteturas de cluster único, o que dificultava muito sua capacidade de executar cargas de trabalho simultâneas nos mesmos dados. Elas não podiam dimensionar o armazenamento e o poder de computação independentemente uma da outra. A Snowflake fez tudo isso sem esforço, o que expandiu massivamente seu escopo e apelo.

O desempenho superlativo da carga de trabalho foi o que atraiu primeiro os clientes para a Snowflake. Mas outro grande ponto de venda era a capacidade da Snowflake de "federar" dados, o que significa que, quando você tivesse uma conta dela, podia misturar e sobrepor dados de qualquer outra conta compartilhada. A Snowflake foi construída desde o início para ser uma plataforma de compartilhamento de dados; qualquer pessoa com uma conta podia se conectar a esse enorme universo de dados chamado Data Cloud. Não haveria atrito, pois os dados não precisavam ser copiados ou replicados, e sem qualquer latência, porque a Snowflake consultou os dados de origem originais, não uma cópia ou derivado. Quando a fonte mudava, tudo o que fazia referência a esses dados também mudava ao mesmo tempo.

Isso foi pioneiro, porque o armazenamento de dados e a computação ainda precisavam migrar para sistemas em nuvem. A tecnologia já havia evoluído para oferecer às empresas nuvens de infraestrutura massivas, como Amazon Web Services e Microsoft Azure, e nuvens de aplicação, como Salesforce, Workday e ServiceNow. Mas, para a maioria das empresas, os dados ainda eram amplamente dispersos, fragmentados e difíceis de combinar. Bits de informações importantes ainda viviam em milhões de lugares, incluindo os computadores pessoais de funcionários individuais.

Esse status quo deixou os CIOs loucos. À medida que os requisitos de carga de trabalho de dados ficavam cada vez maiores e mais complexos, o tratamento fragmentado dos dados tornou-se cada vez mais uma dor de cabeça para eles, se não um pesadelo total. Os silos de dados precisavam ser eliminados, ou então a ciência de dados seria impedida a cada passo e sua promessa não seria cumprida. Isso se tornou nosso melhor argumento para um Data Cloud irresistível.

Ampliando Ainda Mais: Mercados de Dados e Programação

O próximo setor para o crescimento da Snowflake, além do Data Cloud, foi a noção de um "mercado de dados" que daria aos clientes uma maneira de pesquisar, navegar, descobrir, explorar e testar novos dados oferecidos por outras partes. Um mercado de dados reuniria a oferta e a demanda de todos os tipos de informações específicas do setor, como dados econômicos, demográficos, da cadeia de suprimentos e específicos do setor. Isso tornaria mais fácil para as empresas que coletam e analisam dados promover seus produtos para um público-alvo e, em seguida, fazer negócios com a facilidade de um modelo de utilidade de consumo. Os clientes podiam pagar apenas pelo que usavam, sem o incômodo de uma licença ou o compromisso de longo prazo de uma assinatura.

Por exemplo, se sua startup de bens de consumo quisesse endereços de correspondência para cada casal em Wichita, Kansas, um fornecedor de dados do consumidor poderia produzir essa lista e atribuí-la diretamente da conta da Snowflake à sua, de forma rápida e fácil. Esse processo de "enriquecimento" de dados adicionando atributos de outras fontes tornou-se um foco central em todos os setores.

O Data Cloud foi expandido ainda mais com a adição do que chamamos de programabilidade, o que significa que o código do software processa dados dentro da própria plataforma Snowflake. Isso expande o escopo da Snowflake em uma plataforma de aplicativos de dados. É uma evolução natural do Data Cloud que expandirá ainda mais o alcance e o serviço que a plataforma pode fornecer a empresas e instituições em todos os lugares. Nossa estratégia foi construída em camadas sucessivas de valor: assim que o Data Cloud tomou forma e mais e mais dados entraram em sua órbita, mais atraente se tornou para os desenvolvedores de software acessar esse universo de dados rico e vivo para seus próprios propósitos.

Jogando Suas Cartas Estratégicas

Administrar uma empresa é como jogar uma mão no pôquer. Você pode ou não receber boas cartas, mas o que importa ainda mais é entender o potencial das cartas que você recebeu. Elas ditarão suas opções estratégicas — se você deve pagar, aumentar ou sair em cada mão da rodada.

A Snowflake poderia facilmente ter se mantido firme, perseguindo cargas de trabalho de armazenamento de dados como seu principal e único negócio. Se tivéssemos jogado nossas cartas dessa maneira, a percepção de nosso valor e de nosso potencial teria permanecido uma fração do que acabaram se tornando.

Ao decidir como jogar suas próprias cartas, lembre-se de que não é simplesmente uma questão de quão grande é seu mercado atual. Claro, maior é melhor, muito melhor. Mas a questão é quão grande será seu mercado em alguns anos. Quando as circunstâncias externas mudam, as empresas que ficam sem novos mercados potenciais para crescer são, muitas vezes, forçadas a serem adquiridas ou a outras medidas desesperadas.

Uma solução pode ser reformular seu mercado como um subconjunto de um mercado maior. Por exemplo, o mercado de computadores desktop encolheu para quase nada, mas os fabricantes de desktops que se expandiram com sucesso para laptops e tablets estão prosperando. A categoria geral de computação é muito mais ampla agora. Da mesma forma, esperamos que o armazenamento de dados acabe como um subconjunto da categoria muito mais ampla de operações de dados em nuvem.

Foi isso que a ServiceNow fez com os mercados de helpdesk e gerenciamento de serviços. As pessoas não estão mais comprando helpdesk ou gerenciamento de serviços como produtos independentes. As definições são muito mais amplas agora, incluindo gerenciamento de operações e ativos, gerenciamento de configuração e muitos outros domínios de serviço.

É por isso que era tão importante para a Snowflake evoluir, se reposicionar e começar a jogar com apostas muito maiores. Os desafios foram profundos para nossas equipes de engenharia (que tiveram que fornecer recursos para uma agenda de projetos muito mais ambiciosa), bem como para nosso pessoal de vendas e marketing (que teve que evoluir substancialmente seus movimentos de marketing e de vendas).

Ao enfrentar situações semelhantes, lembre-se de que, quanto mais cedo estabelecer as bases para a expansão para novos mercados, mais fáceis serão todos esses desafios.

Parte VII

O Líder Amplificado

17

Amplifique Sua Carreira

Você É um Produto

Você está feliz com seu progresso ascendente em sua carreira? Você poderia ir mais rápido? Provavelmente. A maioria das pessoas gerencia sua carreira de forma aleatória, pulando de função em função à medida que novas oportunidades surgem. Ser mais proposital sobre sua carreira pode aumentar seu impulso para a frente. Como um CEO que contratou milhares de pessoas em empresas muito bem-sucedidas, vi muitas carreiras decolarem, mas também um bom número delas se desviar. As razões mais comuns para a estagnação da carreira (ou pior, autodestruição) podem ser instrutivas.

Como profissionais, somos produtos. Portanto, tente gerenciar você mesmo. Desenvolva seu produto por meio de educação, treinamento e experiência. Seu currículo é seu telhado. Lustre-o e lhe dê polimento. Certifique-se de que ele suporta algumas pedradas.

Nesse mercado, a questão não é se você é qualificado; é se você é mais qualificado do que outros candidatos. O que torna um produto desejável e atraente? Ou, melhor ainda, impressionante? Aqui estão minhas observações sobre as coisas que você pode fazer que terão um grande impacto em sua trajetória de carreira.

A Educação Importa um Pouco...

Uma educação acadêmica rigorosa é necessária para desenvolver alfabetização, habilidade com números e capacidades gerais de aprender, observar e analisar. Os empregadores precisam dessa base e normalmente exigem um diploma de quatro anos. É difícil entrar no mercado de trabalho profissional sem um, embora algumas pessoas tenham conseguido fazer isso e saíram bem. Mas esse diploma geralmente não precisa ser de uma escola de elite, da Ivy League ou de outra do mesmo nível. Existem algumas exceções, alguns setores que realmente se preocupam com o apelo esnobe de seu diploma, como o de banco de investimento, capital de risco e consultoria de gestão. Mas a maioria dos empregadores não se importa muito com o nível de sua escola. Os graduados em faculdades de elite custam mais, e a maioria das empresas prefere dispensar a postura estereotipada de seus graduados.

É comum voltar para obter um MBA depois de alguns anos no mercado de trabalho. Muitas pessoas encontram-se no marasmo da carreira e pensam que um MBA pode ser o bilhete para escapar. As escolas de negócios querem desesperadamente que você acredite nisso. Sim, um MBA de uma boa universidade fica bem em um currículo. Mas pode haver um enorme custo de oportunidade para obter um MBA, e não apenas no salário de que você abriria mão por dois anos. Seu tempo longe de seu campo o colocará para trás na experiência, em comparação com seus colegas.

...Mas a Experiência Importa Mais

Quanto mais tempo estiver fora da escola, mais os empregadores favorecerão a experiência significativa, em vez de mais educação. A questão torna-se: o que você fez com essa educação? Depois de mais de dez anos, a maioria dificilmente se importará com um MBA. Estudantes de pós-graduação são muito menos atraentes do que pessoas que podem apontar para um histórico de realizações tangíveis em uma empresa. Então pense duas vezes antes de bater o martelo para obter um mestrado.

Construa seu registro de realizações cuidadosamente. Ter um monte de funções em seu currículo sem sucesso claro em cada uma delas pode se tornar um ataque contra você. Você começa a parecer um passageiro, não um motorista. Evite ter uma série de empregos de curta duração em seu currículo, especialmente se você não puder nomear realizações específicas em cada um. É difícil colocar conquistas reais em qualquer local de trabalho em apenas doze a dezoito meses. Você pode estar infeliz e frustrado em sua função atual, mas tente ficar tempo suficiente para realizar alguma coisa.

Várias ocupações curtas em sequência também implicam que você teve um julgamento ruim ao escolher esses papéis ou talvez que seja o tipo de pessoa que entra em conflitos crônicos com a gerência. Um contrato curto será visto como um acaso pelos futuros empregadores, mas uma série deles será vista como um sinal de alerta. O contrato mais curto que já tive foi de três anos; todos os meus outros estavam na faixa de cinco a sete anos.

A experiência pode ser um passaporte para a aptidão, mas não um definitivo. As pessoas que têm estado com empresas de sucesso são, muitas vezes, arrastadas no vórtice desse impulso da empresa. A aura de uma grande empresa pode passar para seus funcionários, a ponto de ser difícil separar o sucesso da empresa do sucesso do funcionário. Por engano, contratamos alguns passageiros dessa maneira, pensando que eram motoristas.

Por outro lado, sempre fico intrigado com candidatos que alguma vez falharam em uma empresa e aprenderam algo ao enfrentar esses graves desafios. Os humanos sempre aprendem mais com suas lutas e fracassos do que com os sucessos fáceis. Sua experiência só será valiosa para possíveis empregadores se ela lhe ensinar lições úteis que você pode levar em sua próxima função. Fale com credibilidade e perspicácia, em detalhes, sobre suas experiências, não importa o quão decepcionantes elas tenham sido.

Aptidão É o que Mais Importa

As aptidões são seus talentos dados por Deus, seja o que for em que você seja inatamente bom. Os empregadores podem lhe dar experiência, mas não podem lhe dar aptidão. A experiência pode ajudar a revelar suas aptidões, mas os gerentes de contratação geralmente não se esforçam o suficiente para entendê-las e discerni-las. As pessoas nunca me perguntavam em entrevistas no que eu achava que era bom. Mas essa é sempre uma das primeiras e mais interessantes perguntas que faço quando estou do outro lado da mesa.

Se você tem pouca experiência para um papel que deseja, redirecione a conversa para aptidões. Por que você seria ótimo nessa posição? Gerentes inteligentes geralmente escolhem alguém com menos experiência, porém mais aptidão. Mas os maus gerentes ficam obcecados com a experiência, em uma tentativa fútil de minimizar o risco de carreira para si mesmos. Eles fazem escolhas seguras, não ótimas.

O inverso de seus pontos fortes são suas fraquezas. Você é autoconsciente o suficiente para falar cuidadosamente sobre suas limitações? Todo mundo as tem, mas as pessoas são naturalmente reticentes em discuti-las. Elas acham que qualquer pergunta de uma entrevista sobre fraquezas é uma armadilha. Mas bons gerentes sabem que é admirável quando as pessoas são confiantes o suficiente para serem sinceras. A autoconsciência é convincente.

Sempre que o talento está em falta, como quase sempre acontece no Vale do Silício, apostar na aptidão é uma ótima estratégia de recrutamento para os empregadores, embora menos certa. Você pode contratar pessoas à frente de sua própria curva de desenvolvimento e inspirá-las a crescer em novas e desafiadoras funções.

A Personalidade Inclina a Balança

Uma personalidade enérgica e envolvente percorre um longo caminho no local de trabalho, assim como em todas as esferas de nossa cultura. Na política, por exemplo, as credenciais parecem estar completamente subordinadas à personalidade. Às vezes, credenciais menores podem compensar, embora menos em áreas técnicas como engenharia e finanças. Mas, como todos trabalham em equipes de uma forma ou de outra, a capacidade de colaborar como um membro da equipe é sempre um prêmio.

Entrevistamos um representante de vendas anos atrás para um território que ainda não estávamos prontos para abrir. Quando estávamos prestes a dizer a esse candidato que provavelmente não teríamos uma vaga tão cedo, ele disse que precisava conseguir o emprego agora. Ele disse que sua esposa havia lhe dito para não voltar para casa sem o emprego! Como poderíamos dizer não a esse tipo de energia? Nós o contratamos imediatamente, e ele se tornou um representante de vendas de sucesso. A personalidade inclina a balança.

Ao pensar em quais aspectos de sua personalidade colocar à frente e de um modo central, esteja atento à cultura em que está tentando ingressar. Uma pessoa que pode se encaixar muito bem em um lugar pode ser uma combinação terrível em outro. Quando for entrevistado para um emprego, algumas das melhores perguntas que você pode fazer são: que tipos de pessoas são mais bem-sucedidos nesta empresa? E quais não? Por quê?

Muitos anos atrás, fui entrevistado para um cargo de gerente geral em uma grande empresa de software. Minhas credenciais para o cargo eram apropriadas, mas a empresa previu problemas com meu estilo intenso e exigente, então me rejeitou. Por mais frustrante que isso fosse, mais tarde percebi que eles estavam certos. Eu teria sido infeliz, senão ineficaz, naquela cultura discreta. Mas os mesmos traços que tornaram minha personalidade inadequada para aquela empresa também me tornaram mais adequado para startups, reviravoltas e expansões (ou seja, empreendimentos de crescimento muito alto).

As startups normalmente precisam de motoristas diligentes, líderes apaixonados, personalidades orientadas para objetivos e focadas em conquistas – o tipo de pessoa que se frustra facilmente em empresas maiores, mais rígidas e de evolução mais lenta. Muitas vezes, gostávamos de pessoas aguerridas, que tinham muito a provar a si mesmas e aos outros. Mas é fácil ver como os outros ficariam menos apaixonados por tais personalidades.

Uma grande bandeira vermelha em muitas culturas no local de trabalho é um senso de direito. Sempre buscamos personalidades fáceis de lidar e sem muito drama. Valorizamos características como forte sentido de apropriação de tarefas, senso de urgência e uma mentalidade de "sem desculpas". Pessoas que fazem as coisas, em vez de explicar por que não o fizeram. Esse tipo de personalidade se alinha com nossa obsessão por contratar motoristas, em vez de passageiros, como vimos em um capítulo anterior.

Personalidade na contratação é um assunto complicado, porque o conselho-padrão é: "Seja você mesmo, não finja ser algo que você não é." E isso é verdade até certo ponto, mas você tem que falar de forma persuasiva sobre si mesmo, como se estivesse descrevendo outra pessoa. Não é fácil posicionar e articular seu "produto" de forma eficaz, então vale a pena praticar. Autenticidade e sinceridade são características altamente atraentes, mas isso não significa que você pode simplesmente improvisar.

As decisões de contratação são sempre repletas de riscos e incertezas. Como todo líder experiente, contratei pessoas extremamente bem credenciadas que falharam e se deram mal em pouco tempo. É por isso que muitos gerentes de contratação confiam em seu instinto em alguém com pouca experiência, mas forte em aptidão e potencial. Nessas situações, a personalidade muitas vezes define uma contratação. Descobrimos que pessoas famintas, humildes e que expressam um nível de determinação do tipo "não posso falhar" geralmente são uma boa aposta.

Desenvolva Suas Habilidades de Comunicação

Um conjunto de habilidades muitas vezes negligenciado que pode impulsionar sua carreira é sua capacidade de se comunicar bem, tanto na fala quanto na escrita. Quantos e-mails desconexos e mal escritos você vê hoje em dia? Quantos o levam a passar pela confusão e pelo inferno da mente do escritor? Quantos anúncios lê que enterram as notícias reais abaixo de vários parágrafos de trivialidades e conversa fiada?

Um estilo de escrita eficiente e direto ao ponto o ajudará em todas as fases de sua carreira. Não diga: "Eu simplesmente não sou um bom escritor" — você pode desenvolver essas habilidades. Há muitos livros, programas de áudio e aulas sobre redação empresarial eficaz. Como não sou falante nativo de inglês, tive que trabalhar nisso por anos. Eu sei que é possível melhorar significativamente.

A palavra falada é outro grande negócio para qualquer pessoa na trilha da gestão. Sua carreira pode estagnar facilmente se não conseguir falar bem, ou pelo menos com competência, na frente de grupos grandes e pequenos. Muitos de nós começam com medo de falar em público; a única maneira de superar esse medo é fazê-lo. E não apenas de vez em quando, mas sempre que possível, idealmente várias vezes por semana. Você superará seus medos e ficará melhor em se conectar com o público. No fim, você até apreciará essas oportunidades.

Ajuda muito ser uma autoridade em seu assunto, saber exatamente qual mensagem está transmitindo e por quê. Além desses requisitos básicos, tente desenvolver um estilo que seja autêntico para você. Um estilo que faz você se sentir confortável e até poderoso no palco. Isso pode levar anos de experimentação, mas vale a pena o esforço contínuo.

Meu estilo evoluiu para um modo mais no estilo de conversação, como se eu estivesse apenas batendo papo e contando histórias para algumas pessoas em meu escritório, em vez de na frente de centenas. Começo com as mensagens que quero transmitir e depois coloco histórias para ilustrar minhas afirmações. As histórias são fáceis de digerir, divertidas de contar e, muitas vezes, são o que o público lembra mais claramente. Comece a criar uma lista contínua de anedotas úteis e continue adicionando novas, para que seu material não fique obsoleto. Você também pode seguramente injetar humor em suas histórias. E, faça o que fizer, nunca leia os textos de um slide do PowerPoint — essa é a maneira mais rápida de perder a atenção de todos. Descobri que os slides funcionam melhor como auxílios visuais para o público, nunca como muletas para o apresentador. Uma maneira de fazer isso é eliminar completamente os tópicos e aumentar o visual.

Agarre-se às Suas Metas de Longo Prazo

A maioria das pessoas embarca em uma carreira com apenas uma noção bem nebulosa de qual é seu objetivo final. O que você quer ser quando crescer? Os currículos geralmente refletem o oportunismo de emprego a emprego e parecem passeios aleatórios. As escolhas que fazemos ao longo do caminho podem ser difíceis de racionalizar em retrospectiva.

Ter um objetivo final em mente o ajudará a jogar um jogo curto *e* um longo simultaneamente. Se estudar as biografias de pessoas bem-sucedidas que você admira, verá como cada mudança de emprego de curto prazo ajudou a estabelecer mudanças maiores no futuro. Cada função oferece a você a oportunidade de desenvolver novos relacionamentos de orientação com pessoas que o inspiram e de reforçar sua rede de colegas. Portanto, você deve avaliar cada nova função em potencial com base no que ela pode fazer por você em longo prazo, não apenas nos benefícios imediatos, como salário, localização, uma posição de prestígio ou onde seus amigos estão trabalhando.

Conheci pessoas que sabiam que queriam ser CEOs quando tinham 5 anos, mas não estou sugerindo que você seja tão obcecado. Você pode mudar de ideia a qualquer momento sobre seus objetivos de longo prazo, e muitos o fazem. Mas sempre pense em sua carreira em longo prazo e tome decisões a partir dessa perspectiva. A clareza de propósito é extremamente poderosa.

Não Se Concentre Demasiadamente no Título e no Pagamento

Isso decorre naturalmente do foco de longo prazo. Nos primeiros dez anos fora da faculdade, não se preocupe muito com seu salário ou cargo. Esses anos são sobre a construção de uma base sólida para lançar sua carreira. Um título sofisticado e um grande salário não ajudarão em longo prazo se você não estiver em um bom papel em uma boa empresa em um bom setor.

A localização costumava ser um fator importante, mas diminuiu em importância sob a influência do trabalho remoto e da videoconferência. Fiquei dez anos em Michigan perseguindo uma carreira em tecnologia, quando deveria ter ido direto para a área da Baía de São Francisco. Meu erro geográfico me impediu enormemente. Se eu desejasse uma carreira no setor automotivo, estaria no lugar certo, mas meu destino era a tecnologia.

Em segundo lugar, junte-se a boas empresas que tenham uma infraestrutura de gestão madura. Eu costumo aconselhar os recém-formados a evitar startups, porque nelas você pode observar e aprender os piores hábitos. As startups podem ser incrivelmente imaturas, cheias de pessoas que não se comportam com decoro profissional. No Vale do Silício, eles chamam isso de "falta de supervisão adulta". No início, você quer se concentrar em obter uma ampla educação em seu campo e estabelecer uma base para a liderança futura. Ambos são difíceis em uma startup, então não fique muito encantado com o fascínio de acertar um golaço por meio de opções de ações desde o início.

Você terá vários empregos, títulos e faixas salariais ao longo de sua carreira, não apenas entre empresas, mas dentro das empresas. A cada passo, seja atencioso e proposital, em vez de oportunista. Às vezes, pode ser melhor dar um passo para trás no título ou pagar para definir um caminho melhor a seguir. Seu grupo de colegas tentará influenciar suas decisões de carreira, mas seja você mesmo. Conduza seu próprio navio. Nunca coloque suas decisões pessoais em votação.

Abrace a Luta

Muitas pessoas dizem aos graduados para "seguir sua paixão", mas é insano pensar que tudo vai dar certo se tudo que você faz é perseguir a carreira dos seus sonhos. Raramente conseguimos o que desejamos, mas temos pelo menos uma chance de conseguir aquilo pelo qual nos esforçamos, trabalhamos e lutamos. Escolha um campo em que você tenha uma chance realista de crescer e transforme suas paixões menos realistas — como jogar basquete, velejar, tocar música ou pintar — em hobbies para seu tempo livre.

Em sua vida profissional, tente abraçar suas lutas, em vez de evitá-las. Sim, elas podem ser duras, dolorosas, até aterrorizantes. Mas as dificuldades são incrivelmente formativas e educacionais. Elas são, em última análise, as experiências que moldam e fazem carreiras, e os futuros empregadores valorizarão suas lutas árduas. Tente assumir papéis e atribuições onde o bicho pega, onde problemas difíceis, mas essenciais, precisam ser resolvidos. Quanto mais longe você estiver da ação real de sua empresa, mais lentamente sua carreira progredirá. Com o passar do tempo, você apreciará mais os tempos difíceis.

Certifique-se de que Você Nunca Tenha Receio de uma Verificação de Referências

Nada coloca mais combustível de foguete no tanque de sua carreira do que o que as outras pessoas dizem sobre você. Chefes, colegas e subordinados terão opiniões fortes sobre como você gostaria de trabalhar. Gerentes inteligentes sabem que, para qualquer pessoa que esteja muito além do nível de entrada, uma referência completa cria um retrato mais claro de um candidato do que qualquer número de entrevistas.

Pense em todos ao seu redor — chefes, colegas e subordinados — como uma possível referência futura. O que dirão sobre você? Primeiro, é claro, se você obtém resultados, faz acontecer e causa um impacto real em sua organização. Segundo, eles dirão se você tratou todos, de cima a baixo, com respeito e consideração. Pequenas gentilezas podem ser lembradas por muitos anos, e você nunca sabe se aquela mulher que trabalha na sala no fim do corredor algum dia será a gerente de contratação de um trabalho que você realmente deseja. Esse é outro aspecto da tomada de decisões em longo prazo.

Calmarias de Carreira e Assassinos de Carreira

Às vezes, sua carreira pode ficar presa em um certo platô, não importa o quanto tenha trabalhado para subir. Para pessoas boas, o marasmo de carreira geralmente é uma função de não estar em um setor em crescimento e/ou em uma empresa próspera. Em empresas e setores dinâmicos e em movimento, as pessoas com talento em geral são promovidas antes mesmo de estarem totalmente prontas para uma nova função. Mas, se você se encontrar na situação oposta, terá que tomar a iniciativa de mudar sua trajetória. Eu mesmo fiz isso algumas vezes.

Primeiro, verifique se você está fazendo check-ins periódicos de carreira com seu gerente direto. Boas empresas e bons gerentes fazem isso de forma proativa porque querem saber o que está em sua mente e como eles podem se agarrar a você como funcionário. Nas empresas tradicionais, esse tipo de conversa acontece uma vez por ano. Em empresas em rápida evolução, é provável que seja uma vez por trimestre. Mas, se você *nunca* for convidado para ter uma conversa substantiva sobre o desenvolvimento de sua carreira, isso é um sinal vermelho. Peça por uma.

Nessas conversas, primeiro reafirme seu compromisso com a empresa e com a sua missão. Isso sinaliza que você tem potencial de liderança em longo prazo e não é um mercenário que pulará do navio por qualquer proposta maior. Não seja modesto ou fale sobre quantas ligações você está recebendo de recrutadores; todos recebem essas chamadas. Seja construtivo, não agarrado ao seu cargo. A empresa não lhe deve uma promoção. O emprego é um acordo de mão dupla; ambos os lados precisam estar satisfeitos com o acordo.

Há uma corrente de pensamento em que os funcionários devem negociar arduamente a cada passo para maximizar seus ganhos em longo prazo. Eu pessoalmente nunca fiz isso, e nem precisava. Eu não queria ter um relacionamento com meus empregadores que parecesse puramente transacional. Mas é claro que há momentos em que a barganha dura pode ser essencial. Você não quer se sentir menosprezado ou tratado com injustiça, o que inevitavelmente levará você a receber ligações de recrutadores que, de outra forma, não aceitaria. Expresse esses sentimentos. Os empregadores ouvirão e responderão se valorizarem sua retenção — e, se não o fizerem, isso por si só já é uma informação valiosa. Uma conversa construtiva pode fazer maravilhas para criar um contexto adequado e saudável para sua situação de emprego e remuneração.

É provável que os fatores que podem inviabilizar seriamente ou até mesmo matar sua carreira não serão sua experiência ou seu talento. A maioria das pessoas é, por definição, de desempenho médio. Em última análise, trata-se de sua atitude e de seu comportamento, que são uma escolha, não um conjunto de habilidades. Se você não colaborar bem, se não se responsabilizar pelo seu projeto, não demorará muito para que seja visto mais como um problema do que como um ativo que vale a pena. E esse tipo de mau comportamento não é apenas irritante, ele reduz seu desempenho e seus resultados. Outras pessoas começarão a evitar trabalhar com você em projetos de equipe. Em pouco tempo, seu empregador não terá escolha a não ser demiti-lo. Portanto, se receber feedback sobre a necessidade de um ajuste de atitude, leve-o a sério.

Como observei anteriormente neste livro, a maioria das empresas tem uma mistura de passageiros e de motoristas, e, mais cedo ou mais tarde, os passageiros têm problemas. Durante as demissões, eles são cortados sem que ninguém perca o ritmo. Não importa o quão inteligente você possa parecer em reuniões ou quão bonitos sejam seus slides de apresentação. Em última análise, é o que você pode fazer acontecer que o mantém no jogo. O mundo acaba pegando aqueles que gerenciam principalmente as aparências, em vez de agregar valor à organização.

18

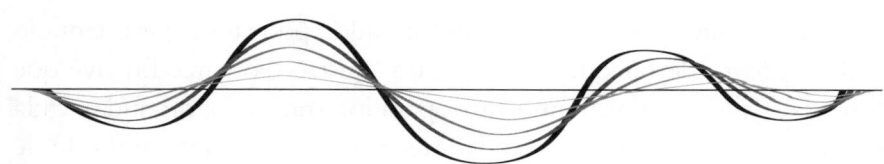

Apenas para CEOs — Lidando com Fundadores e Conselhos

Este capítulo apresenta dois tópicos especiais que importam mais para os CEOs e para aqueles que os aconselham. Contudo, também oferece insights para aqueles que estão abaixo do nível de CEO, mas desejam alcançá-lo algum dia.

O Desafio de Suceder um Fundador

Há um debate em andamento sobre o valor de manter os fundadores de startups como CEOs à medida que suas empresas crescem. No Vale do Silício, pelo menos, o pêndulo oscilou nos últimos anos em favor dos fundadores. Algumas das empresas mais bem-sucedidas da história continuaram a ser lideradas por fundadores por muitos anos: Bill Gates, Steve Jobs, Marc Benioff, Larry Ellison, Jensen Huang, e assim por diante. Mas esses exemplos não levam em conta as muitas startups que mais tarde foram inutilizadas por seus fundadores. Portanto, não há uma solução única para todas elas; alguns fundadores são ótimos CEOs, outros não. Em geral, é mais fácil encontrar um fundador de startup com boas ideias do que um operador para executar essas ideias em todo seu potencial. É ainda mais raro encontrar alguém que combine os dois conjuntos de habilidades.

Se você é um CEO, mas não um fundador, pode ter experimentado o desconforto de ter que substituir um ilustre pioneiro. Eu tive que fazer isso várias vezes, como um operador trazido para ajudar cada empresa a avançar. Alguns fundadores não têm qualquer ambição de CEO, o que facilita a transição; esse foi o meu caso na Data Domain e na Snowflake. Outras vezes, um fundador foi CEO por muito tempo e reluta em entregar as rédeas; esse foi o meu caso na ServiceNow.

Embora eu fosse apenas o funcionário nº 22 da Data Domain, a empresa estava operacional havia dezoito meses. Mesmo naquele estágio ainda inicial, senti alguma nostalgia pelos primeiros dias — antes que eles vendessem um único produto para um único cliente. O principal fundador, Dr. Kai Li, era um professor de ciência da computação de Princeton que havia lançado uma empresa durante um período sabático, mas depois teve que voltar a lecionar. Kai estava atuando como chefe de cozinha e lavador de pratos ao mesmo tempo naquele primeiro ano e meio, mantendo tudo funcionando. Agora, o conselho precisava de um CEO antes do início das aulas de outono. A empresa não estava falindo, mas precisava de alguém que pudesse converter seu potencial em um negócio próspero.

A ServiceNow, por outro lado, estava no mercado havia sete anos antes de minha chegada, sob a liderança de seu fundador, Fred Luddy. Já tinha faturamento real, cerca de 250 funcionários, uma base sólida de clientes e uma trajetória de crescimento. Era também uma empresa de San Diego com um certo tipo de ressentimento em relação ao Vale do Silício, o império do mal ao Norte. Ela vivia e respirava uma peculiar cultura de estilo de vida do sul da Califórnia, onde muitos funcionários surfavam ao amanhecer e usavam shorts e chinelos o ano todo. Eles ficaram chocados quando apareci do Vale do Silício com uma mentalidade completamente diferente: pisar fundo, calçar as botas, execução é tudo, negócios são guerra. Você pode imaginar o quão bem isso foi.

A Snowflake foi uma situação diferente porque eu não estava substituindo um fundador, mas um outro CEO operador. A empresa estava crescendo rapidamente e tinha um produto excepcional, por isso meu antecessor, Bob Muglia, era popular entre os funcionários. Ele realizava reuniões gerais otimistas toda semana, além de viagens anuais de esqui que levavam toda a empresa a Lake Tahoe. O que havia para não gostar? Mas a maioria do conselho queria um novo CEO que ampliasse as coisas. Bob havia feito muitas coisas boas para ajudar a empresa a atravessar o abismo, mas agora o desafio era maximizar o potencial da Snowflake após o abismo.

A empresa tinha aproximadamente o mesmo tamanho de receita que a ServiceNow quando entrei, mas tinha quase quatro vezes mais funcionários. Enquanto a ServiceNow estava faminta por recursos, a Snowflake estava com excesso. Era um produto de seu ambiente: enormes quantias de capital levantadas, gastos desenfreados, muitas voltas olímpicas, parabéns e comemorações. Minha introdução de uma abordagem muito mais séria e disciplinada foi como empurrar os funcionários para um banho frio a fim de acordá-los.

Pise Leve Enquanto Faz Mudanças

Uma lição importante que aprendi da maneira mais difícil: independentemente da situação antes de você chegar, um CEO não fundador precisa agir com calma no início. A parte difícil, pelo menos para mim, foi diminuir meu desejo de mudar cada cultura de imediato, porque senti uma enorme pressão para resolver problemas. Afinal, o conselho nunca teria contratado um novo CEO a menos que houvesse questões significativas a serem tratadas. O desafio é colocar seus braços em torno dessas questões sem jogar os fundadores para baixo do ônibus.

Primeiro, perceba que você não é um fundador e nunca será. Muitos funcionários o verão como um intruso, pelo menos no início. Os fundadores podem ter alcançado um status quase mítico pelo que já realizaram, então o que exatamente garante sua presença aqui? Os funcionários mais antigos tendem a ser os mais propensos à nostalgia, revivendo constantemente o romance dos primeiros dias. Esses dias sempre parecem melhores em retrospecto do que na época.

Sempre fale e aja com deferência para com os fundadores. Você está lá para ajudá-los a realizar a promessa de sua visão original. Como CEO, você acabará recebendo muito crédito e culpa, mas mantenha os fundadores em um pedestal. Eles mereceram e pertencem àquele lugar. Alguns fundadores têm uma necessidade emocional real desse tipo de reconhecimento contínuo, senão de adulação, de funcionários e clientes. A empresa ainda é o bebê deles, mesmo depois de terem mudado para um papel consultivo ou para uma cadeira no conselho. Mesmo se você estiver lidando com fundadores que não sejam movidos pelo ego, reconheça-os de qualquer maneira. Isso ajudará os funcionários a entender que você aprecia os fundadores — e que você mesmo não está em uma viagem de poder movida pelo ego.

Se administrar esse equilíbrio delicado e os fundadores falarem de você com admiração, isso lhe dará uma enorme vantagem. Os conselhos de startups tendem a ser dominados por investidores de risco, que podem facilmente ficar nervosos com o que seus fundadores estão dizendo sobre um novo CEO. Os investidores se preocupam com a imagem de sua marca dentro da comunidade de fundadores, mas muito menos entre os executivos operacionais. Eles veem os fundadores de sucesso como raros e preciosos, a serem apoiados repetidamente, mas veem os CEOs como pessoas substituíveis. Especialmente em tecnologia, os CEOs são cavalos de arado, enquanto os fundadores são cavalos de corrida — portanto, as opiniões de seus fundadores continuarão a ter peso.

Em Longo Prazo, o Sucesso Supera a Popularidade

Nos meus primeiros dias em várias empresas, os fundadores se arrependeram abertamente de minha contratação e reclamaram com o conselho pelas minhas costas. Eu fui um choque para seu sistema. Mas, quando as empresas têm sucesso maciço, como todas as nossas, até mesmo os fundadores mais descontentes acabarão por superar isso. Sim, é bom se eles o amam, mas você não pode se deixar abalar se não amarem. Sua missão é vencer, não alcançar popularidade. Quando você vencer, paradoxalmente, ganhará popularidade com todos. Mas, se você se distrair porque os fundadores não o amam e a empresa sofre, você enfrentará dias sombrios.

Dan Warmenhoven, o bem-sucedido CEO da NetApp, certa vez comentou que todo grande CEO tem um grande ego porque simplesmente não poderia fazer esse tipo de trabalho de outra maneira — mas, se não conseguir manter esse ego sob controle, você será insuportável e, portanto, ineficaz. Esse é um equilíbrio desconfortável.

Na plenitude dos tempos, o desafio de administrar as sensibilidades dos fundadores ficará mais fácil. Por exemplo, nas três empresas em que fui CEO, crescemos tão rápido, que levou apenas alguns trimestres para que a maioria dos funcionários deixasse de ser anterior a mim. Eles foram todos contratados depois que eu assumi o comando, o que significava que não tinham nenhuma época anterior para se sentirem nostálgicos.

Mesmo assim, continue compartilhando o crédito o máximo possível com os fundadores. Nunca perca de vista o fato de que o sucesso precisa de uma aldeia, e os fundadores ainda são membros honorários dessa aldeia.

A Delicada Arte da Dinâmica dos Conselhos

Assim como os fundadores, os membros do conselho de administração também exigem uma construção de relacionamento hábil e definição de limites.

O papel do conselho é muitas vezes uma fonte de confusão para os novos CEOs. Não está claro onde termina sua competência e começam as responsabilidades da administração. Em um mundo perfeito, os membros do conselho sempre respeitariam um limite claro entre dar conselhos e apoio ao CEO *versus* tentar dizer ao CEO como administrar a empresa. Mas, na prática, a linha divisória é, muitas vezes, um borrão. Os membros do conselho, muitas vezes, não conseguem resistir a ir além do território da administração. CEOs menos experientes permitem que eles ultrapassem essa linha porque o conselho os contratou, então eles sentem que os membros do conselho são seus chefes.

Mas a relação não é tão simples. Claro que é verdade que um papel do conselho é contratar e demitir o CEO. Mas, a menos que seja removido por ofensas graves, um bom conselho dará ao CEO autoridade quase total sobre a estratégia e as operações. E tratará a remoção do CEO como uma ação dolorosa, de alto risco e de último recurso, que nunca deve ser feita casualmente ou por razões frívolas. Contratar um novo é um processo demorado e configura um vazio de liderança de curto prazo potencialmente prejudicial. Então, bons conselhos preferem não chegar a esse ponto.

Por outro lado, a maioria dos membros do conselho ocupou cargos importantes no passado e pode estar ansiando por oportunidades de se afirmar. Eles querem permanecer relevantes, uma emoção humana muito compreensível. Isso é especialmente verdadeiro para os membros do conselho de VC, que muitas vezes têm o benefício de ampla exposição a uma variedade de empresas, depois de atuar em muitos conselhos diferentes. Além disso, os investidores de capital de risco em seu conselho considerarão "o dinheiro deles" que você está gastando, o que eles sentem que lhes dá ainda mais justificativa para cruzar a linha. Essa é outra emoção humana muito compreensível e outra razão pela qual a dinâmica do tabuleiro pode se tornar extremamente complicada.

Não me entenda mal; não estou sugerindo que diga aos membros do conselho para saírem da sua frente e que descarte seus comentários imediatamente. Eles estão lá para enriquecer a conversa, fazer perguntas críticas, oferecer novas perspectivas e garantir que os interesses dos investidores sejam bem considerados. Tudo isso é útil e produtivo e pode aumentar a confiança de todos na direção da empresa. Os problemas só começam quando o conselho cruza a linha e tenta forçar a mão do CEO.

O que Não Fazer: Subserviência

Os novos CEOs muitas vezes hesitam em afirmar seu limite porque não têm certeza de onde e como os limites devem ser traçados. É apenas humano nessa situação tentar agradar e apaziguar essas vozes altas e intimidadoras. Peço-lhes que suprimam esse reflexo. Como a natureza abomina o vácuo, se você for subserviente, não faltarão membros do conselho que entrarão ali de bom grado e começarão a mandar em você.

Especialmente com novos CEOs, os conselhos muitas vezes tentam estabelecer um período de experiência, quando o CEO precisa fazer check-in com frequência. Mas, se eles o tratam como um adolescente com toque de recolher, como eles saberão quando você está pronto para agir de forma independente? Eles podem encontrar desculpas para manter essa dinâmica de estágio probatório indefinidamente, se você parecer estar bem com isso.

Alguns CEOs são naturalmente complacentes e buscam o consenso com o conselho, certo ou errado. Eles se sentem confortáveis porque uma decisão tomada pelo conselho não é tão assustadora; eles não estão sozinhos ou incompletos. Embora esse conforto possa ser tranquilizante em curto prazo, não o ajudará a manter seu emprego. Conceder a autoridade ao conselho para cada decisão importante não é uma jogada segura. Na verdade, em longo prazo, é muito mais arriscado do que afirmar sua própria autoridade e legitimidade e assumir a responsabilidade por suas próprias decisões.

Às vezes me pergunto o que acontece nas salas de reuniões de grandes instituições de renome que se desviaram e lutaram por décadas. Suas lideranças geralmente são politicamente corretas, com citações em seus comunicados de imprensa que farão você bocejar, e elas nunca fazem ou dizem qualquer coisa com a qual alguém possa discordar. No entanto, as receitas diminuem ano após ano. Elas usam seu dinheiro para recomprar ações. Suas aquisições estão atoladas no passado, não mirando o futuro.

Esses membros do conselho podem dormir tranquilamente, mas não devem. E os CEOs que "se dão bem" com esse tipo de conselho também não devem dormir tranquilamente. Mais cedo ou mais tarde, investidores ativistas se rebelarão, reformularão o conselho e chutarão um CEO compatível com o conselho para o meio da rua. Não há portos seguros; você tem que se sentir confortável estando desconfortável.

Outro problema com os CEOs que obedecem ao conselho é que perdem o carisma da liderança com a base de funcionários. Quando ouvem que o plano de um CEO foi frustrado pelo conselho, eles se perguntam quem está realmente administrando a empresa. O mesmo acontece se o CEO começar cada declaração sobre estratégia com "O conselho quer que façamos".

Você não está lá para fazer amigos ou ganhar uma estrelinha dourada por obedecer a ordens; está lá para vencer. O conselho fará elogios aos céus se a empresa atingir todas as metas sob sua liderança, mesmo que você desconsidere suas sugestões. Por outro lado, se a empresa patinar, os membros do conselho o culparão e talvez, por fim, o demitam. Quando esse momento desagradável chegar, não importa de quantos jantares você participou, o quanto os elogiou ou mesmo se seguiu todos os desejos deles contra seu próprio bom senso.

O que Fazer em Vez Disso: Lidere Seu Conselho

Os CEOs raramente chegam perto dos limites de seu verdadeiro poder como comandantes-chefes. Se você se sente pronto ou não, uma vez que tem o grande trabalho a fazer, é melhor agir como se estivesse. Um bom CEO *liderará* um conselho.

O que isso significa? Para começar, nunca vá a uma reunião do conselho, defina um tópico e pergunte qual é a opinião deles. Em vez disso, prepare-se cuidadosamente com sua equipe com antecedência e depois vá e diga a eles qual é a *sua* opinião. Se responderem com perguntas ou preocupações, tudo bem. Você iniciou a reunião preenchendo um vácuo, em vez de criar um. Isso tornará muito mais difícil para eles dominarem a discussão.

A preparação é sua principal vantagem. Você está pensando sobre o assunto em questão há dias ou semanas, enquanto a maioria dos membros do conselho provavelmente está por fora. Eles normalmente vêm a uma reunião do conselho quatro vezes por ano; quanto eles realmente sabem sobre o que está acontecendo? Os instintos não podem competir com dados, análises e planejamento cuidadoso. Seus vieses operacionais, baseados em suas próprias histórias e experiências únicas, devem, portanto, ser encarados com certa desconfiança. Portanto, descubra as respostas certas com antecedência e, em seguida, lidere o conselho para formar um consenso com você, em vez de se oferecer para formar um com eles.

Mesmo se você se tornar bom em liderar seu conselho, pode haver momentos em que ele se sinta mais forte a respeito do ponto central de uma questão que deveria pender para o lado do CEO. Por exemplo, já vi comitês de remuneração do conselho tentarem vincular a remuneração do CEO ao cumprimento da orientação do conselho quanto à estratégia. Um CEO nunca deve abrir mão de um assunto tão importante.

Da mesma forma, o estatuto de um comitê de remuneração, em geral, se concentra na remuneração de executivos que se reportam diretamente ao CEO. Isso é apropriado, porque o CEO é o único que não tem chefe, e a supervisão é necessária para uma boa governança. Mas, mesmo assim, o CEO deve ter uma opinião forte sobre a remuneração de seus principais executivos. O conselho pode garantir que tudo esteja bem alinhado e dentro de limites razoáveis para o setor, mas, em geral, o CEO deve defender a remuneração adequada para cada executivo sênior.

Quando alguns membros do conselho insistiram em controlar uma decisão que estava do meu lado do limite, eu ocasionalmente disse a eles que teriam que encontrar um novo CEO se quisessem me anular em tais questões. Essa é uma tática dramática que não deve ser usada levianamente, mas mantenha-a no bolso se precisar provar que leva a sério a defesa do alcance de seu papel. Os CEOs não podem estar muito comprometidos com seus empregos e devem estar dispostos a colocar seu crachá à disposição quando necessário. Você pode nunca achar necessário dar esse ultimato e, mesmo que o faça, pode não precisar seguir adiante. Mas deve estar mentalmente preparado para se afastar de forma a preservar seu escopo de autoridade como CEO, ou seu mandato no cargo será irreparavelmente comprometido.

Bons CEOs se sentem à vontade para afirmar sua autoridade. Eles têm muito disso sob as estruturas e os costumes da vida corporativa. Use-a ou perca-a.

19

Conclusão — Grandes Líderes Têm Grandes Resultados

Às vezes me perguntam o que torna alguém um grande CEO. As pessoas esperam uma série de adjetivos, como inteligente, carismático, colaborativo, eloquente, e assim por diante. Algo que possam rabiscar em uma nota adesiva e colocar no espelho do banheiro para inspiração diária. Claro que a resposta não é tão simples, como tenho certeza que agora você percebe ao concluir este guia para CEOs atuais e futuros.

Há muitos caminhos diferentes para resultados superiores nos negócios. Você terá que encontrar seu próprio caminho, um que se adapte ao seu temperamento, sua disposição e suas aptidões naturais. Portanto, não tente copiar ou imitar outros líderes — inclusive eu. Não se pergunte em situações difíceis: "O que Frank faria?" Isso apenas retardará o processo de encontrar seu próprio caminho.

Em vez disso, aproveite ao máximo seu conjunto único de experiências. Aplique essas experiências e os insights que discutimos nos capítulos anteriores para se tornar uma versão mais verdadeira, mais afiada e mais eficaz de quem você já é. Encontrar seu próprio caminho, não importa quanto tempo leve, desbloqueará seu poder pessoal.

Conheço muitos jovens CEOs que têm todos os pré-requisitos no papel: são inteligentes, enérgicos, trabalhadores, ambiciosos. Mas, então, eles recebem um grande papel de liderança antes de terem as experiências necessárias para descobrir seu próprio caminho. Como resultado, eles geralmente ficam derrotados e humilhados. Por mais difícil que seja sofrer a indignidade do fracasso, essas experiências ruins mais tarde se tornam a base de seu sucesso futuro.

Somente em retrospectiva você realmente perceberá o que suas experiências significaram. É por isso que não há problema em abraçar os inevitáveis desafios e contratempos como parte de sua jornada. Eles estão lá por uma razão.

No fim do dia, grandes líderes em qualquer nível têm grandes resultados. Você pode ser o líder mais empático, carismático e popular de todos os tempos, mas nada disso importará se seu negócio ficar aquém das expectativas. E, quando isso acontecer, não haverá lugar para se esconder. Ninguém se importará com suas explicações legítimas, muito menos com suas desculpas. Ninguém se importará com os eventos inesperados que estavam completamente fora de seu controle. Isso é justo? Claro que não! Mas é o mundo em que vivemos, o mundo que temos que aceitar como líderes.

A boa notícia é que, se você perseverar por longos períodos de tempo, se focar intensamente a entrega de valor para os clientes e se construir uma cultura disciplinada para seus funcionários, tudo valerá a pena em longo prazo. Você gerará ótimos resultados para a organização e colherá os frutos. É difícil vencer qualquer líder que combine grande determinação, persistência, foco na missão e clareza sobre o que é e o que não é importante.

É difícil vencer um líder que realmente amplifique.

Meus melhores votos a você enquanto continua sua jornada de liderança.

Agradecimentos

Gostaria de expressar minha gratidão e apreço por todas as pessoas e instituições que tiveram um efeito profundo em minha vida e trajetória, e meus agradecimentos especiais a todos que me ajudaram e me incentivaram a escrever este livro.

À minha esposa, Brenda, que sempre me incentivou a não me restringir e a não correr riscos quando não era tão óbvio — principalmente durante nosso retorno à Holanda há 25 anos, que foi tão formativo para o que estava por vir.

A todos os funcionários, gerentes e executivos da Data Domain, da ServiceNow e da Snowflake, que se reuniram dia após dia para proporcionar as experiências extraordinárias que tivemos nessas empresas durante um período de duas décadas. Nosso trabalho conjunto não foi apenas instrutivo e produtivo; nós apreciamos completamente a jornada todos os dias, à medida que as coisas aconteciam.

Para Denise Persson, diretora de marketing da Snowflake, que queria que este livro fosse escrito e orquestrou o esforço para que eu pudesse continuar fazendo meu trabalho diário também.

A Will Weisser, que estruturou e deu sentido às minhas narrativas e ideias, transformando-as em um livro real e publicável.

A Mike Campbell, da Wiley, que viu algo além na ideia de publicar esses pensamentos e essas observações.

A todos meus amigos de capital de risco, que continuaram me importunando por anos para escrever outro livro.

É difícil amplificar a influência que minha alma mater, a Erasmus University Rotterdam, teve sobre mim. O ambiente universitário no sentido mais amplo influenciou diretamente meu foco, minha perspectiva e minha ambição como adolescente. Também levou à minha posterior mudança para os Estados Unidos.

Falando nisso, eu seria negligente em não reconhecer meu país adotivo, os Estados Unidos. Uma carreira como a minha só pode acontecer na América, ponto-final. E agradeço a minha boa sorte por vagar por aqui quando jovem.

Frank Slootman

Ennis, Montana

Agosto de 2021

Índice

R

S

T

U

V

W

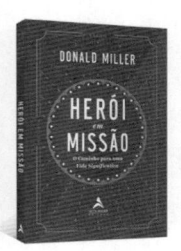